D1675157

Orientierungskurs

→ **Grundwissen Politik, Geschichte und Gesellschaft in Deutschland**

Hinweise für den Unterricht mit Kopiervorlagen

Orientierungskurs

→ Grundwissen Politik, Geschichte
und Gesellschaft in Deutschland

Hinweise für den Unterricht mit Kopiervorlagen

Im Auftrag des Verlages erarbeitet von Joachim Schote

Lektorat: Denise Schmidt
Projektleitung: Gunther Weimann

Bildredaktion: Denise Schmidt

Illustrationen: Matthias Pflügner
Layoutkonzept: Katrin Nehm
Technische Umsetzung: zweiband.media, Berlin
Umschlaggestaltung: SOFAROBOTNIK, Augsburg und München

www.cornelsen.de

Die Links zu externen Webseiten Dritter, die in diesem Lehrwerk angegeben sind, wurden vor Drucklegung sorgfältig auf ihre Aktualität geprüft. Der Verlag übernimmt keine Gewähr für die Aktualität und den Inhalt dieser Seiten oder solcher, die mit ihnen verlinkt sind.

1. Auflage, 2. Druck 2013

Alle Drucke dieser Auflage sind inhaltlich unverändert und können im Unterricht nebeneinander verwendet werden.

© 2012 Cornelsen Verlag, Berlin
© 2013 Cornelsen Schulverlage GmbH, Berlin

Druck: H. Heenemann, Berlin

ISBN 978-3-06-020015-3

 Inhalt gedruckt auf säurefreiem Papier aus nachhaltiger Forstwirtschaft.

Inhaltsverzeichnis

Vorwort

Die Hinweise für den Unterricht zum *Orientierungskurs* enthalten
- allgemeine Tipps zum Einsatz des Kursheftes im Unterricht, z. B. Lesestrategien bei komplexeren Texten, Wortschatzarbeit und Anregungen zur Differenzierung in heterogenen Gruppen,
- methodisch-didaktische Hinweise,
- Kopiervorlagen (KV) zu den Modulen,
- landeskundliche Zusatzinformationen.

Das Kursheft ist für den Orientierungskurs mit 45 Unterrichtseinheiten konzipiert, der sich im Rahmen der Integrationsmaßnahmen für Zuwanderer an die Sprachkurse mit 600 Unterrichtseinheiten (UE) anschließt. Unter anderem soll er Verständnis für das deutsche Staatswesen wecken, eine positive Bewertung des deutschen Staates entwickeln und Kenntnisse der Rechte und Pflichten als Einwohner und Staatsbürger vermitteln.[1]

Das Rahmencurriculum

Das Kursheft setzt die Vorgaben des *Curriculums für einen bundesweiten Orientierungskurs* (RC) vom Bundesamt für Migration und Flüchtlinge um. Es ist entsprechend dem RC in die drei Module *Politik in der Demokratie, Geschichte und Verantwortung* sowie *Mensch und Gesellschaft* gegliedert. Entsprechend den im RC genannten Lerninhalten und den Vorschlägen zur Zeiteinteilung des Kurses sind diese Module unterschiedlich lang. Am umfangreichsten ist das Modul *Politik in der Demokratie*, für das im RC 19 Unterrichtseinheiten vorgeschlagen werden, für das Modul *Geschichte und Verantwortung* 9 UE und *Mensch und Gesellschaft* 13 UE. Jeweils zwei Stunden sind für die Einführung und den Kursabschluss vorgesehen, die im Kursheft mit jeweils einer Doppelseite abgedeckt sind.

---

1 Vgl. Bundesamt für Migration und Flüchtlinge, Curriculum für einen bundesweiten Orientierungskurs

Binnendifferenzierung

Kursteilnehmer/innen (KT), die den Orientierungskurs absolvieren, haben in der Regel 600 UE Sprachkurs hinter sich, in denen einige der Themen aus dem Orientierungskurs schon vorgekommen sein dürften. Zum Beispiel gehören Geschichte und Politik oder Erziehung und Bildung meistens auch zu den Lerninhalten in den für die Integrationskurse zugelassenen Sprachlehrwerken. Insofern dürften einige der Lerninhalte des Orientierungskurses für die meisten KT bereits vorentlastet sein. Dennoch ist von Heterogenität der Lerngruppen auszugehen, so dass die Themen und der erforderliche Wortschatz für eine große Zahl von KT auch noch im Orientierungskurs eine sprachliche und inhaltliche Herausforderung darstellen. Daher werden in den vorliegenden Handreichungen zum Unterricht zahlreiche Vorschläge zur Binnendifferenzierung gemacht und wo immer möglich, finden sich die oft komplexen Lerninhalte im Kursheft in zwei Versionen, d.h. sie sind einmal ausführlicher und zusätzlich noch in vereinfachter Form dargestellt. Im Modul *Geschichte und Verantwortung* geschieht dies z.B. dergestalt, dass die Inhalte zuerst in Form von Zuordnungsübungen mit Fotos und kurzen Texten dargestellt und anschließend in längeren Lesetexten ausführlicher präsentiert werden.

Der Aufbau der Module

Jedes Modul beginnt mit einer Einführungsdoppelseite, die auf das Thema einstimmt und den KT Gelegenheit bietet, ihr Vorwissen zu aktivieren. Am Ende eines jeden Moduls gibt es die Seite *Wissen im Überblick*, auf der wichtige Informationen aus dem Modul zusammenfassend präsentiert werden, sowie ein Abschlussquiz. In den ersten beiden Modulen entspricht die dortige Aufgabenstellung mit vier Auswahlmöglichkeiten, von denen eine richtig ist, dem Format des Orientierungskurstests, den die KT nach Abschluss des Orientierungskurses ablegen müssen.

Zusätzlich gibt es in den vorliegenden Hinweisen für jedes Modul eine Kopiervorlage mit

Wortschatzübungen (**KV 8**, **15** und **21**), die je nach Kurszusammensetzung und Profil der KT entweder vor der Behandlung der Module als Vorentlastung oder nach Abschluss der Besprechung als Wiederholungsübungen einsetzbar sind.

Es ist den Kursleitern/-innen (KL) freigestellt, in welcher Reihenfolge die Module im Orientierungskurs behandelt werden (Vgl. RC, S. 9). Die Einteilung in Module bedeutet aber auch, dass es zu Überschneidungen kommt, z. B. wenn die Themen Gleichberechtigung von Männern und Frauen sowie Glaubens- und Gewissensfreiheit sowohl im Modul *Politik in der Demokratie* bei den Grundrechten als auch im Modul *Mensch und Gesellschaft* bei den Themenbereichen Gleichberechtigung und Gleichbehandlung bzw. Religion vorkommen.

Der Anhang

Bereits in den vorangegangenen Integrationssprachkursen haben die KT wichtige Redemittel gelernt, die auch für den Orientierungskurs nützlich sind. Trotzdem kann es noch Probleme geben, wenn sich die KT mündlich äußern wollen. Deshalb findet sich im Anhang des Kursheftes eine Liste mit Redemitteln, auf die die KT bei passenden Gelegenheiten zurückgreifen können, um sich aktiv am Unterricht zu beteiligen.

Außerdem gibt es im Anhang Vorschläge für Projektideen, die für die KT als Anregung dienen können, sich intensiver mit den Themen des Orientierungskurses zu beschäftigen: Zum einen finden sich Vorschläge, um den eigenen Wohnort besser kennenzulernen, zum anderen um sich ausführlicher mit den politischen Verhältnissen in Deutschland bzw. in dem Bundesland, in dem die KT wohnen, zu beschäftigen.

Darüber hinaus sind die Lösungen für die Aufgaben im Kursheft abgedruckt und ein Glossar enthält für die Themenbereiche zentrale Begriffe mit Erläuterungen.

Der Orientierungskurstest

Am Ende des Orientierungskurses steht der Orientierungskurstest. Aus einem Gesamtkatalog von 250 Aufgaben mit jeweils vier Auswahlmöglichkeiten erhalten die KT 25 Aufgaben, von denen sie mindestens 13 richtig lösen müssen, um den Test zu bestehen. Diese Aufgaben bzw. der dafür zentrale Wortschatz und die Lösungen sind in die Lesetexte, das Glossar im Anhang und Informationen, die das vorliegende Kursheft bietet, eingearbeitet. Aus diesem Grund geht das Kursheft an einigen Stellen auch über die Lerninhalte des RC hinaus, z. B. im Falle des Themenbereichs Am Wohnort im Modul *Politik in der Demokratie* (S. 27) und Recht im Alltag im Modul *Mensch und Gesellschaft* (S. 65).

Die Kopiervorlagen

Neben den drei bereits genannten KV mit Wortschatzübungen finden sich in den vorliegenden Hinweisen 18 weitere KV mit ergänzenden Informationen, Übungen und Rollenspielen. Diese KV können optional im Unterricht eingesetzt werden. Auf den nachfolgenden Seiten werden dafür passende Vorschläge angeboten.

Orientierung – Was ist das?

Die ersten beiden Seiten dienen der Einführung in die Themen des Orientierungskurses. Die KT sprechen über ihre Erwartungen und aktivieren ihr Vorwissen zu Politik, Geschichte und Alltag. Von eher allgemeinen Fragestellungen zum Thema wird die Aufmerksamkeit mit jeder Übung stärker auf die Inhalte des Kurses gelenkt.

1a Die KT lesen die Aussagen zum Stichwort Orientierung in Gruppen und notieren die Themen: Sprache, Nahverkehr, Preise, Orientierung am Wohnort. Sammeln Sie diese Themen auch an der Tafel und lassen Sie die KT berichten, ob sie in den Aussagen eigene Erfahrungen wiederfinden.

Lassen Sie die KT dann berichten, welche Punkte für die Orientierung wichtig sind, wenn man z.B. in einer fremden Stadt – evtl. auch am Urlaubsort – ist, wenn man eine neue Arbeit hat, wenn die Kinder in die Schule kommen, wenn man einen Kurs beginnt u. Ä. und was sie in diesen Situationen machen, um sich zu orientieren. Dabei sollte den KT bewusst werden, dass Orientierung in verschiedenen Situationen ein selbstverständlicher Teil unseres Alltags ist.

1b Hier wird die Aufmerksamkeit verstärkt auf die Themenkreise des Orientierungskurses gelenkt. Die KT lesen die Texte in Einzel- oder Gruppenarbeit und ordnen die Überschriften zu.

Anschließend erläutert KL, dass eines der Ziele des Orientierungskurses ist, den KT eine Hilfestellung für die eigene Zukunftsplanung bzw. für das Leben und die Integration in Deutschland zu geben, womit auch eine Überleitung zur nächsten Übung gegeben ist.

2a In 2a werden einige Punkte genannt, die für das Leben in Deutschland von Bedeutung sein können. Die Sätze *Orientierung bedeutet, dass ich alles so mache wie die Deutschen / ich mich an die Regeln im Straßenverkehr halte / ich alle Bundesländer besucht habe* sind dabei als Distraktoren zu betrachten, um klarer abzugrenzen, was für erfolgreiche Orientierung und Integration notwendig oder wichtig ist und was nicht.

2b Im Anschluss an 2a nennen die KT weitere Punkte für die Orientierung, die ihnen wichtig sind (z. B. mehr Wissen über das Bundesland, in dem sie wohnen oder ihren Wohnort, Umgang mit Behördenmitarbeitern, Parteienlandschaft etc.). Damit ist den KT auch Gelegenheit gegeben, ihre Erwartungen an den Orientierungskurs zu formulieren.

Notieren Sie ggf. die von den KT genannten Themen, die von allgemeinem Interesse sind, aber vom vorliegenden Orientierungskurs bzw. vom Rahmencurriculum für den Orientierungskurs nicht abgedeckt werden. Dort sind zwei Unterrichtseinheiten für Teilnehmerwünsche und -interessen vorgesehen. Sofern Zeit ist, können Sie diese Themen dann aufgreifen.

3 Jetzt wird die Aufmerksamkeit endgültig auf die drei Module des Orientierungskurses gelenkt. Schwerpunkte dieser Aufgabe sind erstens, die KT in die Themen einzuführen und zweitens, ihr Vorwissen zu aktivieren. Besprechen Sie die Fragen und Antworten im Plenum, nachdem die KT die Aufgaben in Gruppen bearbeitet haben.

Variante: Als Einstieg in den Kurs bietet sich auch ein Wörternetz zum Thema Deutschland an. Bilden Sie dafür je nach Kursgröße Dreier- oder Vierergruppen. Diese erhalten dann einige Minuten Zeit, um drei oder vier Stichworte zu notieren, die anschließend im Plenum zusammengetragen und an der Tafel notiert werden.

Politik in der Demokratie

Politik allgemein, S. 8

So wie auf den Einstiegsseiten eine allgemeine Einstimmung auf das Thema Orientierung erfolgte, wird an dieser Stelle in die zentralen Punkte des ersten Moduls eingewiesen und zu Beginn Vorwissen aktiviert.

1a Da in den acht Texten dieser Übung vermutlich viel unbekannter Wortschatz vorkommt, empfiehlt sich Plenumsarbeit. Die KT lesen die Texte still und ergänzen die Sätze gemeinsam mit KL, sobald sie einen Text fertig gelesen haben.

Variante: Zur Festigung neuen Wortschatzes und neuer Informationen bzw. zwecks Vorentlastung der nachfolgenden Themen kann sich an **1a** ein Frage- und Antwortspiel in Partner- oder Gruppenarbeit anschließen, indem die KT wie folgt fragen:
– *Wie viele Parteien sind im Bundestag?*
– *Wie heißt die deutsche Verfassung?* Etc.

1b Auch diese Übung dient der Aktivierung des Vorwissens. Zunächst lesen die KT die Sätze, unbekannter Wortschatz wird im Plenum geklärt.

Die Würde des Menschen, S. 10

Im Zentrum dieses Teils stehen die im Grundgesetz verankerten Grundrechte. Der einleitende Text informiert darüber, was unter Grundrechten zu verstehen ist. Die KT lesen ihn und notieren unbekannten Wortschatz, den KL an der Tafel sammelt und der anschließend erklärt wird. Wenn möglich, sollten (lerngeübte)KT, die unbekannte Wörter kennen, die Erläuterungen übernehmen.

1 Verfahren Sie ebenso bei den eher schwierigen Texten aus dem Grundgesetz bzw. aus der Allgemeinen Erklärung der Menschenrechte. Diese Auszüge der UNO sind aus zwei Gründen hier neben Artikel 1 des Grundgesetzes abgedruckt: Zum einen soll so das Wort Menschenwürde verständlich gemacht werden, zum anderen bekommen die KT ein Bewusstsein dafür, dass die Menschenrechte im Prinzip von fast jedem Staat in der Welt anerkannt werden und dass somit die Grundrechte im Grundgesetz keine deutsche Besonderheit sind.

Ziehen Sie zur verständlichen Erklärung des Schlüsselwortes Menschenwürde auch die Fotos heran:
– *Welche Rechte haben Menschen in der ganzen Welt?*
– *Was muss man für Behinderte tun?*
– *Wie soll man mit Menschen umgehen, die am Rand der Gesellschaft stehen?* Etc.

Indem die KT sich über diese Fragen unterhalten, kann ihnen bewusst werden, was mit der Menschenwürde gemeint ist.

Lassen Sie die KT auch darüber diskutieren, was gegen die Menschenwürde verstößt, z. B. Folter, unbegrenzte Inhaftierung ohne Prozess usw.

Machen Sie darauf aufmerksam, dass alle anderen Grundrechte im Grundgesetz aus Artikel 1 des Grundgesetzes bzw. aus der Unantastbarkeit der Menschenwürde folgen.

2 Diese Übung handelt von wichtigen Grundrechten. Lesen Sie zunächst die Auszüge aus den Grundgesetzartikeln mit den KT gemeinsam, um unbekannten Wortschatz zu klären. Anschließend erfolgt die Zuordnung in Partnerarbeit, Besprechung der Ergebnisse im Plenum.

Machen Sie dann auf den Infokasten aufmerksam, in dem es um Einschränkungen der Grundrechte geht und darum, dass bestimmte Rechte zunächst nur für Deutsche gelten (s. Art. 12, Freizügigkeit).

3 In diesen Sätzen werden die Grundrechte mit Beispielen unterlegt, bzw. wird es deutlich gemacht, was nicht mit den Grundrechten übereinstimmt. Zunächst diskutieren die KT wieder in Partnerarbeit, woran sich eine Gruppendiskussion anschließt.

Arbeiten Sie in diesem Zusammenhang auch mit **KV 1**.

KV 1 Auf der KV sind einige Sätze mit Grundrechten aus dem Grundgesetz abgedruckt und dazu Bilder, auf denen Verstöße gegen diese Grundrechte dargestellt sind. Aufgabe der KT ist es, die Sätze den Bildern zuzuordnen.

Lösungen KV 1:

1. B – 2. E – 3. A – 4. D – 5. F – 6. C

4 Thema ist die freie Entfaltung der Persönlichkeit bzw. das Recht auf körperliche Unversehrtheit. Die Absätze des Grundgesetzartikels 2 sind rechts noch einmal in vereinfachter Form wiedergegeben. Die Zuordnung sollte im Plenum erfolgen, damit unbekannter Wortschatz kein Hindernis darstellt, um die Aufgabe zu lösen.

5 Abschließend werden noch einmal sehr konkrete Beispiele dafür genannt, was einen Verstoß gegen das Grundgesetz darstellt und was nicht. Beachten Sie, dass lediglich Situation 4 ein eindeutiger Verstoß gegen das Grundgesetz ist.

Bei Situation 2 können Sie mit den KT besprechen, warum der Staat in bestimmten Fällen, z.B. bei Hooligans, das Recht hat, die Reisefreiheit einzuschränken.

Situation 3 sollte auf Basis folgender Fragen besprochen werden:
- *Warum hat der Staat (hier in Gestalt der Polizei) das Recht, in die Privatsphäre einer Familie einzugreifen, obwohl die Familie besonderen Schutz genießt?*
- *Warum werden Grundrechte der Kinder verletzt, wenn sich Eltern weigern, ihre Kinder zur Schule zu schicken?*

Vier Grundprinzipien, S. 13

In diesem Teil geht es um die Strukturprinzipien des deutschen Staates: Bundesstaatlichkeit, Demokratie, Sozialstaatlichkeit und Rechtsstaatlichkeit.

1 Die Übung ist so aufgebaut, dass die KT sprachlich einfachere Erläuterungen den Aussagen in den vier Absätzen von Artikel 20 des Grundgesetzes zuordnen. Partnerarbeit, Besprechung der Lösungen im Plenum.

2 Anhand von Situationen, die gegen Demokratie und Rechtsstaatlichkeit verstoßen, soll den KT die Bedeutung dieser Begriffe noch einmal bewusst gemacht werden.

Lassen Sie die KT genauer erläutern, was im Gegensatz zu den beschriebenen Situationen rechtstaatlich und demokratisch ist: Dass zu einer Demokratie mehrere Parteien gehören, dass ein demokratischer Staat also kein Einparteienstaat sein darf, dass die Gerichte unabhängig sind (worauf auf S. 18 dann beim Thema Gewaltenteilung näher eingegangen wird), dass es in Deutschland keine Sippenhaft gibt etc.

Bund, Länder und Gemeinden, S. 14

In diesem Teil lernen die KT zunächst die 16 Bundesländer kennen, anschließend werden die Grundzüge der Verwaltungsstruktur in Deutschland vorgestellt.

KV 2 Verteilen Sie eventuell in Ergänzung zu dem Infokasten über die Bundesrepublik Deutschland **KV 2** mit einigen Basisinformationen über die Bundesländer.

1 Geben Sie den KT einige Minuten Zeit, damit sie die Bundesländer zuordnen können. Dabei sollten die KT nicht die Karte vorn auf der Innenseite des Umschlags zu Hilfe nehmen, sondern zunächst nur auf Basis ihres Vorwissens arbeiten. Helfen Sie, wenn die Zuordnung der KT fehlerhaft ist, aber warten Sie nicht solange, bis alle die Aufgabe gelöst haben, denn das gelingt in der Regel nur einem kleinen Teil der KT.

Machen Sie eine Kopie von **KV 3** für den OHP, um dort die Bundesländer bei der Besprechung der Lösungen einzutragen.

KV 3 Die KV enthält die Karte von S. 14 mit Schreibzeilen zum Eintragen der Namen der Bundesländer.

2 Diese Übung eignet sich gut als Projekt. Sofern an Ihrem Kursort ein Computerraum vorhanden ist, können Sie die KT in Gruppen mit einer Internetrecherche zu dem Thema beauftragen oder die KT erhalten die Übung als Hausaufgabe.

Die Informationen über das Bundesland werden anschließend von lerngeübten KT als Kurzvortrag im Plenum präsentiert. Bei Interesse können die KT auch über andere Bundesländer Informationen sammeln und im Kurs vorstellen.

Variante: Ratespiel. Die KT erhalten z. B. die Liste einiger Städte Deutschlands und sollen sagen, welche Städte in dem Bundesland liegen, in dem sie wohnen. Ähnlich kann man auch mit bekannten Unternehmen, Sehenswürdigkeiten oder Landschaften verfahren.

3 In dieser Übung werden die Kompetenzen von Bund und Ländern thematisiert. Erinnern Sie noch einmal daran, dass die KT im Teil Vier Grundprinzipien gelernt haben, dass die Bundesrepublik Deutschland ein Bundesstaat ist, in dem nicht allein die Bundesregierung in Berlin über die Politik entscheidet.

In **3a** diskutieren die KT zunächst in Gruppen, um dann anschließend in **3b** ihre Vermutungen zu überprüfen. In **3c** werden konkrete Beispiele für die Kompetenzverteilung zwischen Bund und Ländern genannt.

Lassen Sie die KT überlegen, welche Auswirkungen das deutsche föderative System auf den Alltag hat: Beispielsweise in den Schulen, wo sie für die Mehrheit der Bürger am sichtbarsten sein dürften, insofern die Schulsysteme von Bundesland zu Bundesland etwas verschieden sind, z. B. hinsichtlich der Zahl der Gesamtschulen, der

Möglichkeiten des Übergangs auf die weiterführenden Schulen nach der Grundschule etc.

4 Der Text behandelt die Zuständigkeit der Kommunen in Deutschland. Wahrscheinlich haben viele KT bereits im Integrationssprachkurs Informationen über Ämter und Behörden in Städten und Gemeinden erhalten bzw. wissen aus eigener Erfahrung etwas darüber, vor allem, wenn sie schon länger in Deutschland leben.

Lassen Sie diese KT, sofern sie lerngeübt sind, noch einmal in eigenen Worten darüber berichten, wenn die Aufgabe gelöst ist.

Varianten: Die KT lesen den Text noch einmal und notieren Fragen, z. B.:
– *Wie heißt das Oberhaupt einer Gemeinde?*
– *Welche Angebote haben die Kommunen?*
– *Welche Aufgaben erledigen die Gemeinden im Auftrag des Bundes oder der Länder?*

Diese zusätzlichen Fragen dienen nicht nur der Verständnissicherung des Lesetextes, sondern sind auch für die Festigung des Wortschatzes hilfreich.

Die Verfassungsorgane, S. 16

Neben dem Bundestag, dem Bundesrat etc. handelt dieser Teil auch von der Gewaltenteilung.

1 Die KT sollten die fünf sprachlich schwierigen Absätze einzeln lesen und reichlich Zeit für die Lektüre bekommen. Sobald ein Absatz fertig gelesen ist, werden unbekannter Wortschatz sowie der wesentliche Inhalt im Plenum besprochen, den KL auch an der Tafel notiert. Das soll für lernungeübte KT eine Erleichterung sein, die Tabelle auf Seite 17 nach einer erneuten Lektüre zu ergänzen.

Lerngeübte KT ergänzen die Tabelle in Gruppen- oder Partnerarbeit, lernungeübte KT gemeinsam mit KL. Lassen Sie lerngeübte KT die Aufgaben und Zuständigkeiten der verschiedenen Verfassungsorgane auf Basis ihrer Notizen in eigenen Worten vortragen, nachdem die Aufgabe gelöst ist.

Weisen Sie darauf hin, dass der Bundespräsident / die Bundespräsidentin zwar nur einmal wiedergewählt wird, also maximal zehn Jahre im Amt sein kann, dass aber die Amtszeit des Bundeskanzlers / der Bundeskanzlerin im Prinzip unbegrenzt ist. Dieser Umstand ist aller Erfahrung nach vielen KT unbekannt, er ist aber ein wichtiger Aspekt des politischen Systems in Deutschland.

Variante: Für lerngeübte KT. Bilden Sie fünf Gruppen. Jede Gruppe liest einen Text aus Aufgabe **1a** und notiert dazu W-Fragen. Die anderen Gruppen beantworten die Fragen.

Die Grafik in **1b** ist besonders für lernungeübte KT geeignet. Geben Sie Redemittel vor:
Das Volk wählt ...
Im Bundestag sind ...
Im Bundesrat sitzen ... etc.

Im Anschluss an **1** ist ein Vergleich mit dem Heimatland angebracht: Fragen Sie die KT zunächst, ob ihr Heimatland eine eher föderalistische Struktur wie die Bundesrepublik Deutschland hat oder zentralistisch ist, und z.B. weiter:
– *Welche Macht hat der Präsident?*
– *Wie oft sind Wahlen?*
– *Wie oft kann der Präsident wiedergewählt werden?*
– *Wer wählt den Präsidenten?*
– *Wie nennt man den Regierungschef (Premiermister, Ministerpräsident)?*
– *Welche Aufgaben hat das Parlament?* Etc.

Ziel sollte dabei keine ausführliche Beschreibung des politischen Systems in anderen Ländern sein, sondern primär die Erleichterung des Verständnisses der KT, in dem sie Unterschiede und/oder Gemeinsamkeiten erkennen.

Variante: Die KT recherchieren im Rahmen eines Projekts, welche Bundesministerien zur Bundesregierung gehören und welche Aufgaben sie haben (s. Projektvorschläge auf S.75). Als Vorbereitung kann **KV 4** dienen.

KV 4 Die KV ist eine Zuordnungsübung für die Bundesministerien und ihre Aufgaben.

Lösungen KV 4:

1. H – 2. D – 3. G – 4. C – 5. K – 6. F – 7. A – 8. L – 9. J – 10. E – 11. B – 12. N – 13. I – 14. M

2 In den folgenden Übungen geht es um die Gewaltenteilung in Deutschland. Partnerarbeit, anschließende Besprechung im Plenum. Ziehen Sie dann die Übersicht unter **2** heran, um die Gewaltenteilung näher zu erläutern und machen Sie sie eventuell konkreter, was insbesondere bei der Exekutive gut möglich ist. Zu dieser gehören z.B. die Polizei, die Ämter und Behörden in den Kommunen, die staatlichen Schulen etc.

Zur Erläuterung des Justizwesens eignet sich **KV 5**.

KV 5 Die KV bietet eine Übersicht über die deutsche Gerichtsbarkeit. Erläutern Sie die Zuständigkeiten der Gerichte. (s. Infokasten S.11)

3 Mit dieser Übung wird die Gewaltenteilung in Deutschland weiter erklärt. Partnerarbeit, Besprechung der Ergebnisse im Plenum.

Weisen Sie insbesondere darauf hin, dass die Gerichte unabhängig und dass die Richterinnen und Richter durch §97 des Grundgesetzes besonders geschützt sind:
(1) Die Richter sind unabhängig und nur dem Gesetze unterworfen.
(2) Die hauptamtlich und planmäßig endgültig angestellten Richter können wider ihren Willen nur kraft richterlicher Entscheidung und nur aus Gründen und unter den Formen, welche die Gesetze bestimmen, vor Ablauf ihrer Amtszeit entlassen oder dauernd oder zeitweise ihres Amtes enthoben oder an eine andere Stelle oder in den Ruhestand versetzt werden.

Heben Sie außerdem hervor, dass die Trennung zwischen Exekutive und Legislative weniger stark ist als die Abgrenzung zur Judikative, weil sich eine Regierung immer auf eine Parlamentsmehrheit stützen muss und dass in den Parlamenten vor allem der Opposition eine Kontrollfunktion zukommt (s. Info, Orientierungskurs, S.18).

Die Gerichtsbarkeit

- Die **Verfassungsgerichtsbarkeit** steht mit dem Bundesverfassungsgericht und den Verfassungsgerichten der Länder an der Spitze.
- Die **Ordentliche Gerichtsbarkeit** ist der größte Bereich mit 80 % aller Rechtssachen und 16 000 von insgesamt 21 000 Richtern.
- Das **Amtsgericht** entscheidet insbesondere über Zivilsachen bis zum Werte von 5000 Euro, über Mietsachen ohne Rücksicht auf den Wert des Streitgegenstandes, über Kindschafts-, Unterhalts- und Ehesachen, als Familiengericht über Familiensachen. In Strafsachen umfasst das Amtsgericht Strafrichter (Berufsrichter, die allein – als Einzelrichter – entscheiden) und Schöffengerichte, die grundsätzlich mit einem Berufsrichter als Vorsitzenden und zwei ehrenamtlichen Richtern als Schöffen besetzt sind; eine höhere Strafe als vier Jahre Freiheitsentzug darf das Amtsgericht nicht verhängen.
- Das **Landgericht** ist Berufungs- und Beschwerdegericht in den vor dem Amtsgericht verhandelten Zivilsachen und in erster Instanz für die mittlere und schwere Kriminalität zuständig. Das Oberlandesgericht entscheidet über Berufungen und Beschwerden gegen die Entscheidungen der Land- und der Amtsgerichte, in Strafsachen über Revisionen in bestimmten Fällen. Eine erstinstanzliche Zuständigkeit besteht in Staatsschutzsachen.
- Der **Bundesgerichtshof** hat in der Hauptsache die Aufgabe, über Revisionen zu entscheiden, in Zivilsachen gegen die Urteile der Oberlandesgerichte, in Strafsachen gegen die Urteile der Land- und Oberlandesgerichte im ersten Rechtszug. In Staatsschutzsachen ist der Bundesgerichtshof auch erste Instanz.[1]
- Die **Arbeitsgerichte** entscheiden bei Streitigkeiten von Arbeitnehmern und Arbeitgebern.

- Die **Verwaltungsgerichte** sind zuständig für öffentlich-rechtliche Streitigkeiten, soweit sie nicht unmittelbar das Grundgesetz (GG) [oder die Landesverfassungen] betreffen und deshalb vor die Verfassungsgerichte gehören. In erster Linie dient die Verwaltungsgerichtsbarkeit dem Schutz des einzelnen Bürgers gegen rechtswidrige Maßnahmen der Verwaltung und verwirklicht so die Garantie des Art. 19 Abs. 4 des Grundgesetzes, der jedem den Rechtsweg eröffnet, der durch die öffentliche Gewalt in seinen Rechten verletzt wird.[2]
- Die **Sozialgerichtsbarkeit** ist ein Zweig der deutschen Rechtsprechung, der sich im Rahmen der Verwaltungsgerichtsbarkeit (betrifft das Handeln von Verwaltungsbehörden) mit Streitigkeiten über Leistungen der Sozialversicherung, der Kriegsopferversorgung, des Schwerbehindertengesetzes, des Kindergeldgesetzes und einer Reihe weiterer Leistungsgesetze befasst. Im Klageweg herrscht Kostenfreiheit.
- Die **Sozialgerichtsbarkeit** ist für alle Streitigkeiten der Sozialversicherung und im Hinblick auf die gesetzliche Krankenversicherung u. a. für Streitigkeiten zwischen Versicherten und Krankenkassen, Vertrags(zahn)ärzten, Krankenhäusern und Krankenkassen einschließlich ihrer Vereinigungen zuständig. Hierunter fallen auch Entscheidungen der gemeinsamen Gremien der Krankenkassen und Leistungserbringer.[3]
- Die **Finanzgerichtsbarkeit** ist eine besondere Verwaltungsgerichtsbarkeit in Deutschland zur Entscheidung über öffentlich-rechtliche Streitigkeiten aus dem Bereich der Finanzverwaltung, vor allem über die Rechtmäßigkeit von Steuer- und sonstigen Bescheiden der Finanz- und der Zollämter.[4]

Quellen: [1] www.wissen.de, [2] www.vgwe.thueringen.de, [3] www.wirtschaftslexikon24.de, [4] www.mein-wirtschaftslexikon.de

4 Die KT lesen die Überschriften und diskutieren, ob bzw. wie derartige Überschriften die öffentliche Meinung beeinflussen, ob z. B. eine Überschrift wie die über Umfrageergebnisse Einfluss auf das Wählerverhalten oder das Wahlergebnis haben kann.

Gegebenenfalls gibt es in der Zeit, in der Sie den Orientierungskurs abhalten, ein aktuelles Thema, bei dem eine Beeinflussung der öffentlichen Meinung durch Medien offensichtlich versucht wird. Sofern die KT sprachlich fit genug sind,

Zeitungsartikel auf Deutsch zu lesen, können Sie einen passenden Artikel mit in den Unterricht bringen.

Lassen Sie die KT auch über den Einfluss der Medien in ihren Heimatländern berichten.

Unsere Pflichten, S. 19

Nachdem eingangs die Grundrechte behandelt wurden, geht es nun um die Pflichten, die man als Bürger oder Einwohner der Bundesrepublik Deutschland hat.

1a Arbeiten Sie einleitend mit **KV 6**.

KV 6 Die KV enthält vergrößerte Fotos zu den Pflichten plus die Stichworte. Kopieren Sie die Bilder und die Stichworte und schneiden Sie sie auseinander, die KT ordnen sie in Gruppen einander zu.

Lösungen KV 6:
1. Ausweispflicht – 2. Fürsorgepflicht – 3. Steuerpflicht – 4. Meldepflicht – 5. Schulpflicht – 6. Respektierung der Gesetze

Anschließend lesen die KT die kurzen Texte im Buch. Lerngeübte KT schließen danach das Buch und beschreiben die Pflichten mit eigenen Worten.

1b In dieser Übung geht es um konkrete Situationen, in denen die Pflichten relevant sind. Partnerarbeit, Auswertung im Plenum.

Anschließend können die KT mit ihrem Heimatland vergleichen. *Welche Pflichten haben die Bürger dort, welche Pflichten haben sie evtl. nicht?*

Staatssymbole, S. 20

1 Hier lernen die KT die wichtigen Staatssymbole kennen. Da die meisten Symbole den KT bekannt sein dürften, sollten auch eher Lernungeübte zu Wort kommen, um die Lösungen zu nennen.

Geben Sie anschließend weitere Informationen. Eine häufige gestellte Frage ist erfahrungsgemäß z. B., woher die Farben der deutschen Flagge kommen. (s. Infokasten S. 13)

KV 7 Auf der KV finden Sie den vollständigen Text mit Noten der deutschen Nationalhymne.

2 Eine Übersicht über die Wappen der Bundesländer gibt es im Orientierungskurs auf Seite 14.

3 Lassen Sie die KT nicht nur über den Nationalfeiertag, sondern auch über andere Staatssymbole ihres Heimatlandes berichten:
– *Zu welchen Anlässen hisst man die National-flagge?*
– *Macht man das auch im Privatbereich?*
– *Zu welchen Anlässen wird die Nationalhymne gesungen? U. Ä.*

Die Parteien, S. 21

1 Zunächst aktivieren die KT in **1a** ihr Vorwissen, damit die nachfolgende Lektüre der Texte in **1b** vorentlastet ist. Fragen Sie die KT auch, welche Politiker sie aus diesen Parteien kennen und notieren sie die Namen an der Tafel. Erläutern Sie ggf., welche Funktion diese Politiker haben bzw. welches Amt sie innehaben. Sofern die KT dies nicht selbst machen, sollte KL auch die Namen der aktuellen Vorsitzenden der Parteien nennen.

Für **1b** empfiehlt sich eine getrennte Vorgehensweise für lerngeübte und lernungeübte KT. Lerngeübte lesen die Texte und ergänzen die Tabelle in Partnerarbeit; lernungeübte KT lesen die Texte einzeln mit KL und klären den unbekannten Wortschatz, sobald sie einen der Texte zu Ende gelesen haben.
Lerngeübte KT können auf Basis ihrer Notizen in eigenen Worten über die Parteien berichten.

Variante:
– Interessierte KT können auf den Webseiten der Parteien evtl. weitere Informationen zu den politischen Positionen der Parteien sammeln und im Kurs präsentieren.

Landeskundliche Zusatzinformation

Historisch galten die Farben der **deutschen Flagge** seit der Zeit der Befreiungskriege Anfang des 19. Jahrhunderts als Symbol der nationalen Einheit Deutschlands unter demokratischen Vorzeichen.

Ein Ursprung der Farben Schwarz-Rot-Gold liegt auch in den Befreiungskriegen 1813 gegen Napoleon, nämlich bei den Uniformen des Lützowschen Freikorps. Die Korps setzten sich zumeist aus Studenten zusammen, die sich gegen die Besatzung Deutschlands durch Frankreich formierten […]. Da die Freiwilligen unter dem preußischen Major Adolf von Lützow aus allen Teilen Deutschlands stammten und von dort höchst unterschiedliche Uniformen und Zivilkleidung mitbrachten, war die einzige Möglichkeit, eine einheitliche Bekleidung herzustellen, die unterschiedlich farbigen Uniformen schwarz einzufärben. Hinzu kamen goldene (messingfarbene) Knöpfe sowie schließlich rote Aufschläge und Vorstoß.
Der Farbzusammenstellung wurde aus den Befreiungskriegen hervorgehend folgende Bedeutung zugeordnet, die historisch belegt ist:
Aus der Schwärze (schwarz) der Knechtschaft durch blutige Schlachten (rot) ans goldene Licht (gold) der Freiheit.
Zur Popularisierung hat beigetragen, dass die Farben die gleichen wie die der Reichsfahne im Heiligen Römischen Reich waren.

Quellen: [1] www.wikipedia.de, [2] www.berlin.de

Beim Hambacher Fest im Jahre 1832 wurden viele schwarz-rot-goldene Trikoloren als Symbol für das Streben nach Freiheit, Bürgerrechten und deutscher Einheit gezeigt. Als Hauptfahne des Hambacher Festes fertigte Johann Philipp Abresch die erste Trikolore in der heute gebräuchlichen Reihenfolge mit der Aufschrift „Deutschlands Wiedergeburt". Diese „Ur-Fahne" von 1832 befindet sich heute im Museum Hambacher Schloss in Neustadt an der Weinstraße.[1]

Das **Brandenburger Tor** entstand in den Jahren 1788 bis 1791 nach Entwürfen von Carl Gotthard Langhans d. Ä., der sich stark an den Propyläen der Athener Akropolis orientierte. König Friedrich Wilhelm II. hatte zuvor den Bau des Tores angeordnet, da er einen würdigen architektonischen Abschluss für die Prachtstraße Unter den Linden suchte. Im Jahre 1793 wurde die von Johann Gottfried Schadow entworfene Quadriga auf das Tor aufgesetzt.
Bis 1989 war das Brandenburger Tor ein Symbol für die Teilung Berlins und Deutschlands. Heute ist es ein Nationalsymbol für die Einheit und eines der berühmtesten Wahrzeichen der Stadt.[2]

Der **Adler** ist in vielen Ländern Bestandteil des Wappens und dient in Deutschland schon seit vielen Jahrhunderten als Wappentier.

Dafür wählen sie z. B. ein politisches Thema, das für sie wichtig ist, aus und suchen dazu gezielt Stellungnahmen, Pressemitteilungen der Parteien etc.
– Die KT schreiben in Gruppen W-Fragen zu einem der Texte, die die anderen KT im Kurs beantworten.
Alternativ stellt KL W-Fragen zu den Texten, um zu überprüfen, ob sie verstanden wurden.

Wahlen in Deutschland, S. 22

In diesem Teil lernen die KT Grundzüge des deutschen Wahlrechts kennen und erfahren, wie stark die Parteien, über die sie auf der vorhergehenden Seite detaillierte Informationen erhalten haben, im Bundestag vertreten sind.

1 Die KT lesen den Text in Einzelarbeit. Sammeln Sie unbekannten Wortschatz an der Tafel und erklären Sie ihn, wenn die KT mit der Lektüre fertig sind. Anschließend werden die Fragen in Partner- oder Gruppenarbeit beantwortet, Auswertung im Plenum.

2 In dieser Übung werden die Wahlrechtsgrundsätze aus Artikel 38 des Grundgesetzes erläutert. Da es für viele – auch lerngeübte KT – schwierig sein dürfte, die Aufgabe ohne Unterstützung zu lösen, empfiehlt sich Plenumsarbeit.

Bei **2b** beschreiben die KT zunächst die Bilder: *Was sehen die KT? – Was machen die Leute?* Anschließend erklären sie, warum die abgebildeten Situationen im Widerspruch zu den Wahlrechtsgrundsätzen stehen. Es kann sich ein Gespräch anschließen, welche Folgen es hätte, wenn die Wahlen z. B. nicht geheim, gleich oder frei wären.

3 Lassen Sie die KT das Schaubild und die Informationen im blauen Kasten zur Bundestagswahl 2009 kurz beschreiben, nachdem die Zuordnung in Partnerarbeit erfolgt ist. Geben Sie für lernungeübte KT geeignete Redemittel vor:
Die meisten Sitze hat …
Die größte/kleinste Partei ist …
Die Regierung bilden …
Die … sind in der Opposition etc.

Bringen Sie zum Vergleich evtl. aktuelle Umfrageergebnisse zu Bundestagswahlen und vielleicht auch tatsächliche Ergebnisse von Wahlen (auch Europa-, Landtags-, Kommunalwahlen) in den Unterricht mit.

4 Die beiden Texte informieren über Landtags- und Kommunalwahlen. Die KT lesen die Texte in Partnerarbeit, Besprechung der Lösungen im Plenum. Weisen Sie darauf hin, dass die Landesparlamente in den drei Stadtstaaten nicht Landtage heißen, sondern Bürgerschaft (Bremen, Hamburg) und Abgeordnetenhaus (Berlin) sowie dass man die Minister dort Senatoren nennt, während die Bürgermeister den Ministerpräsidenten in den Flächenstaaten entsprechen.

In folgenden Ländern gilt das Wahlrecht bei Kommunalwahlen bereits ab 16 Jahren: Mecklenburg-Vorpommern, Niedersachsen, Nordrhein-Westfalen, Sachsen-Anhalt, Schleswig-Holstein, außerdem in Bremen (Bürgerschaftswahlen).

Variante (für lerngeübte KT): KL liest die Texte vor, die KT machen Notizen und fassen die Texte dann auf Basis ihrer Notizen zusammen.

Soziale Sicherheit, S. 24

Die KT lernen Grundzüge des deutschen Sozialsystems kennen. Man kann davon ausgehen, dass viele KT bereits aus dem Integrationssprachkurs bzw. aus eigener Erfahrung Kenntnisse über diesen Bereich haben, weshalb die Wortschatzarbeit hier geringer ausfallen kann.

1 Die KT beschreiben die Fotos: *Wo sind die Leute? Was machen sie? Warum brauchen sie Hilfe?* Anschließend ordnen sie die Wörter den Fotos zu. Da diese Aufgabe einfacher als viele der Aufgaben in den vorangegangenen Teilen ist, sollten hier eher lernungeübte KT zu Wort kommen.

2 Die KT lesen den Text in Einzelarbeit und machen Notizen zu den Fragen, Beantwortung der Fragen im Plenum.

Varianten:
- Lerngeübte KT können für jeden Abschnitt eine Überschrift erfinden.
- Lernungeübte KT ordnen vorgegebene Überschriften zu, z. B.: *Das Solidarprinzip – Arbeitnehmer- und Arbeitgeberanteil – Die Höhe der Beiträge.*
- Die KT schreiben weitere Fragen zu dem Text, die Lernpartner/innen antworten.

3 In dieser Übung werden aus Steuern finanzierte soziale Hilfen vorgestellt. Lassen Sie die KT mit Kindern sagen, wie hoch das Kindergeld ist. (s. Infokasten S. 15)

4 Der Informationstext oben auf S. 25 dient als Einführung in **4**, wo es um die Pflichten geht, die erfüllt werden müssen, um staatliche Leistungen zu erhalten.

Einleitend lesen die KT den Text und notieren, welche Leistungen die Personen in Anspruch nehmen wollen, Auswertung im Plenum. Anschließend lösen sie die Aufgabe.

Landeskundliche Zusatzinformation

Wohngeld kann man sowohl als Mietzuschuss als auch als Zuschuss zu den Kosten für eine selbstgenutzte Immobile bekommen.
Es richtet sich nach:
– der Anzahl der Familienmitglieder, die zum Haushalt gehören,
– der Höhe des Familieneinkommens,
– der Höhe der zu berücksichtigenden Miete bzw. Belastung (über angemessenen Wohnraum hinausgehende Kosten werden nicht berücksichtigt).
Weitere Informationen findet man u. a. unter: http://de.wikipedia.org/wiki/Wohngeld

Das **Kindergeld** beträgt in Deutschland seit Januar 2010 für das erste und zweite Kind jeweils 184 Euro monatlich, für das dritte Kind 190 Euro und für das vierte und jedes weitere Kind 215 Euro monatlich. Die Eltern oder Pflegeeltern des Kindes bekommen es mindestens bis zum 18. Lebensjahr der Kinder.[1]

Das **Elterngeld** wird an Väter und Mütter für maximal 14 Monate gezahlt; beide können den Zeitraum frei untereinander aufteilen. Ein Elternteil kann dabei mindestens zwei und höchstens zwölf Monate für sich in Anspruch nehmen, zwei weitere Monate gibt es, wenn sich der Partner an der Betreuung des Kindes beteiligt und den Eltern mindestens zwei Monate

Erwerbseinkommen wegfällt. Alleinerziehende, die das Elterngeld zum Ausgleich des wegfallenden Erwerbseinkommens beziehen, können aufgrund des fehlenden Partners die vollen 14 Monate Elterngeld in Anspruch nehmen.
Die Höhe des Elterngeldes richtet sich nach dem laufenden durchschnittlich monatlich verfügbaren Erwerbseinkommen. Maximal kann man 1800 und mindestens 300 Euro monatlich bekommen.

Arbeitslosengeld II können alle erwerbsfähigen leistungsberechtigten Personen im Alter von 15 Jahren bis zur gesetzlich festgelegten Altersgrenze zwischen 65 und 67 Jahren erhalten. Personen, die nicht erwerbsfähig sind, können **Sozialgeld** bekommen. Arbeitslosengeld II und Sozialgeld sind Leistungen, die eine Grundsicherung des Lebensunterhaltes gewährleisten sollen. Was dem Einzelnen dabei zusteht, hat der Gesetzgeber in sogenannten „Regelbedarfen" festgelegt.
Seit dem 1. Januar 2011 beträgt der Regelbedarf für eine Einzelperson 364 Euro. Er soll pauschal die alltäglichen Bedürfnisse (Essen, Kleidung etc.) abdecken. Zusätzlich werden die (angemessenen) Kosten für Unterkunft und Heizung bezahlt.[2]
Weitere Einzelheiten findet man unter: www.arbeitsagentur.de

Quellen: [1] www.wikipedia.de, [2] www.bmfsfj.de

Lassen Sie die KT dann berichten, welche Pflichten man im Heimatland erfüllen muss, wenn man staatliche Hilfe oder Versicherungsleistungen wie z. B. die Krankenversicherung in Anspruch nehmen will.

5 Wieder lesen die KT einleitend den Informationstext im blauen Kasten. Stellen Sie Fragen zur Verständnissicherung:
– *Was erfahren Sie über die Kinder und die Lebenserwartung in Deutschland?*
– *Warum sinken die Leistungen der Sozialversicherung?*
– *Warum steigt das Rentenalter?*
– *Warum ist private Vorsorge wichtig?*

Danach lesen die KT die Texte und ordnen sie den Bildern zu. Lassen Sie die KT, die dazu bereit sind, berichten, welche privaten Versicherungen sie abgeschlossen haben.

6 Diese Übung ist als Plenumsdiskussion geeignet. Insbesondere bietet es sich an, über die Rolle der Familie bei der sozialen Sicherheit in den verschiedenen Ländern zu sprechen.

Geben Sie den KT auch folgende Informationen:

Landeskundliche Zusatzinformation

Im Jahr 2010 betrug die **Lebenserwartung** in Deutschland für neugeborene Jungen 77 Jahre und 4 Monate, für neugeborene Mädchen 82 Jahre und 6 Monate.[1]
Im Jahr 2009 wurden in Deutschland 651 000 Kinder lebend geboren, was einem Minus von 3,6 % gegenüber 2008 entsprach.
Im Jahr 2010 lag die Zahl der Lebendgeburten bei 678 000.[2]
Mit 8,1 Lebendgeburten im Jahr 2009 war die **Geburtenrate** in der Bundesrepublik Deutschland in diesem Jahr die niedrigste in der Europäischen Union.[1]

Quellen: [1] www.wikipedia.de,
[2] www.destatis.de

Am Wohnort, S. 27

In diesem Teil werden die KT angeregt, sich mit den öffentlichen Angeboten vor Ort auseinanderzusetzen.

1 Sofern im Kurs Zeit genug ist, können die KT ein Lernplakat oder eine Wandzeitung anfertigen, um die Aufgaben der verschiedenen Ämter zu präsentieren, nachdem sie die Aufgabe gelöst haben.

Teilen Sie den Kurs in Gruppen auf. Jede Gruppe sammelt zu einem der Ämter Informationen, die dann auf dem Lernplakat zusammengetragen werden.

2 Schwerpunkt dieser Aufgabe sollten die Freizeitangebote des Wohn- oder Kursortes sein, also Sportstätten, Spielplätze, Kultur- und Bildungsangebote evtl. auch Erholungsräume wie Parks etc.

Variante: Die KT ergänzen die Informationen, die sie in Aufgabe 2 sammeln, auf dem Lernplakat, das in zwei Hälften geteilt wird, z. B.: Ämter und Behörden in … – Freizeitangebote in …

Öffentlichkeit in der Demokratie, S. 28

Dieser Teil befasst sich mit Informationsmöglichkeiten bzw. mit Möglichkeiten, die eigene Meinung zu äußern oder sich zu engagieren.

1 Lassen Sie die KT berichten, was sie z. B. über Amnesty International oder Greenpeace wissen, nachdem sie die Aufgaben gelöst haben und ob sie andere, ähnliche Organisationen (z. B. Pro Asyl oder den BUND (Bund für Umwelt und Naturschutz Deutschland e. V.) kennen.

Landeskundliche Zusatzinformation

Amnesty International wurde 1961 in London gegründet und setzt sich weltweit für die Menschenrechte ein. Die Organisation recherchiert Menschenrechtsverletzungen, betreibt Öffentlichkeits- und Lobbyarbeit, organisiert u. a. Brief- und Unterschriftenaktionen in Fällen von Folter oder drohender Todesstrafe.

Greenpeace wurde 1971 in Vancouver gegründet. Die Organisation wurde vor allem durch Kampagnen gegen Kernwaffentests und Aktionen gegen den Walfang bekannt. Später konzentrierte sie sich darüber hinaus auf weitere Themen wie Überfischung, die globale Erwärmung, die Zerstörung von Urwäldern und die Gentechnik. Greenpeace hat nach eigenen Angaben rund drei Millionen Fördermitglieder (2009) und beschäftigt rund 1200 Mitarbeiter. Es gibt über 40 Greenpeace-Büros weltweit.

Quelle: www.wikipedia.de

2 Sammeln Sie die Gründe, die die KT nennen, an der Tafel und geben Sie evtl. Redemittel vor:
Es ist wichtig, dass …
Eine Demokratie kann nur funktionieren, wenn …
Es muss möglich sein, … etc.

Interessensverbände, S. 29

1 Lassen Sie die KT auf Basis ihrer Notizen in eigenen Worten über die Organisationen berichten, nachdem sie **1b** gelöst haben, und geben Sie weitere Informationen.

Landeskundliche Zusatzinformation

Die Anfänge des **Deutschen Mieterbundes** reichen bis ins 19. Jahrhundert zurück. Im DMB sind heute 320 örtliche Mietervereine zusammengeschlossen.

Die **IG Metall** steht hier stellvertretend für die deutschen Gewerkschaften. Sie ist Mitglied im Deutschen Gewerkschaftsbund (DGB), zu dem außerdem folgende Gewerkschaften gehören:
– IG Bauen-Agrar-Umwelt (IG BAU),
– IG Bergbau, Chemie, Energie,
– Gewerkschaft Erziehung und Wissenschaft,
– IG Metall (IGM) in Frankfurt am Main,
– Gewerkschaft Nahrung-Genuss-Gaststätten,
– Gewerkschaft der Polizei (GdP),
– Eisenbahn- und Verkehrsgewerkschaft (EVG),
– Vereinte Dienstleistungsgewerkschaft e. V. (ver.di).

Verbraucherzentralen sind gemeinnützige Vereine. Es gibt die 16 Verbraucherzentralen der Bundesländer, deren Dachorganisation, der Verbraucherzentrale Bundesverband e. V., ihren Sitz in Berlin hat. Weitere Informationen findet man unter http://www.verbraucherzentrale.de/ sowie u. a. auch unter http://de.wikipedia.org/wiki/Verbraucherzentrale.

2–3 Abschließend berichten KT, die bereits Erfahrungen mit einer der genannten oder ähnlichen Organisationen haben.
Gehen Sie bei **3** auch darauf ein, wie die Kräfteverhältnisse z. B. zwischen Vermietern und Mietern bzw. Arbeitgebern und -nehmern im Allgemeinen verteilt sind. Nennen Sie Beispiele für Aktivitäten der Verbraucherzentralen, Aufklärungskampagnen über Kaffeefahrten, falsche Gewinnversprechen und Beratungsangebote etc. Nähere Informationen dazu finden Sie unter http://www.verbraucherzentrale.de/.

Engagement am Wohnort, S. 30

1 Zur Integration gehört auch, dass den KT Möglichkeiten für eigenes Engagement aufgezeigt werden. Lassen Sie die KT die in den Texten genannten Beispiele für ehrenamtliches Engagement bzw. Mitbestimmung vor Ort noch einmal mündlich zusammentragen, nachdem sie die Aufgabe gelöst haben.

2–3 Nach den allgemeineren Ausführungen in **1** werden hier konkrete Beispiele präsentiert.

Vielleicht haben sich einige KT in Deutschland oder im Heimatland bereits ehrenamtlich engagiert. Lassen Sie diese KT berichten.

4 Übung 4 ist auch als Projekt möglich. Bilden Sie Gruppen. Jede Gruppe sammelt Informationen zu einer Institution, z. B. dem Ausländerbeirat, einer Bürgerinitiative oder einem Sozialprojekt und präsentiert dann ihre Ergebnisse in Form eines kurzen Referats im Kurs.

KV 8 Nach Abschluss des ersten Moduls können Sie nun die **KV 8** einsetzen. Hierbei wiederholen die KT den Wortschatz zu diesem Modul.

Lösungen KV 8:

1
1. Menschenrechte – 2. Würde – 3. Glaubens- und Gewissenfreiheit – 4. Entfaltung – 5. Meinungsfreiheit
2
1. Bundestag – 2. Bundesverfassungsgericht – 3. Bundesregierung – 4. Bundesrat, Bundesland – 5. Bundespräsident, Bundesversammlung – 6. Gewaltenteilung, Legislative – 7. Gewalt – 8. Hürde

---

Kopiervorlagen

KV 1: Zuordnungsübung Grundrechte

KV 2: Basisinformationen über die Bundesländer

KV 3: Blindkarte von Deutschland wie auf Seite 14 des Orientierungskurses mit Schreibzeilen zum Eintragen der Namen der Bundesländer.

KV 4: Zuordnungsübung: Bundesministerien und ihre Aufgaben

KV 5: Gerichtsbarkeit in Deutschland

KV 6: Zuordnungsübung zu den Pflichten

KV 7: Staatssymbole: Nationalhymne (Melodie und Text)

KV 8: Wortschatzübung zu Modul 1

Geschichte und Verantwortung

Dieses Modul gibt einen Überblick über die deutsche Geschichte von der Zeit des Nationalsozialismus bis in die Gegenwart. Außerdem bietet es Basisinformationen über die Europäische Union.

Die einzelnen Teile (1933–1945, 1945–1949, 1949–1989, 1989–2010) sind so aufgebaut, dass zunächst ein bildgestützter Überblick mit den Kerninformationen gegeben wird, der insbesondere für lernungeübte KT konzipiert ist, woran sich ausführlichere Darstellungen anschließen.

KV 9 Die KV gibt einige Grundinformationen über die Geschichte vor der NS-Zeit ab 1871. Sofern Sie ausreichend Zeit haben und bei den KT Interesse besteht, können Sie Kopien anfertigen und diese Zeit ebenfalls zum Thema machen.

Gestern und heute, S. 34

1 Diese Aufgabe dient dazu, die KT auf die Bedeutung von historischem Wandel hinzuweisen, der durch die drei Fotos vom Potsdamer Platz dokumentiert wird.

Geben Sie für die Bildbeschreibung Redemittel vor:

Auf Foto … sieht man …
Früher gab es auf dem Potsdamer Platz (kein) …
Heute gibt es … u. Ä.

Sofern die KT es nicht selbst sagen, sollten Sie darauf hinweisen, dass das erste Foto wenige Jahre vor Beginn der nationalsozialistischen Herrschaft aufgenommen wurde, während das zweite Foto von 1975 aus der Zeit der deutschen Teilung stammt.

2 Hier sollen die KT angeregt werden, darüber nachzudenken, welche Rolle Geschichte für ein Land bzw. für die Gegenwart spielt.

Machen Sie eine Kursstatistik: Welchen Aussagen von **2a** und **2b** stimmen die KT zu, welchen stimmen sie eher nicht zu? Erweitern Sie die Liste z. B. um folgende Punkte:
– *Wenn man zu sehr auf die Vergangenheit schaut, vergisst man die Gegenwart.*
– *Obwohl die Menschen im Lauf der Geschichte viele Fehler gemacht haben, macht man sie oft noch einmal.*

Varianten:
– Die KT fertigen einen Zeitstrahl mit wichtigen Ereignissen in ihrer eigenen Biographie und parallelen Ereignissen in der Geschichte ihrer Familie bzw. der Geschichte ihres Landes oder der Welt an, die im Kursraum aufgehängt werden. Nutzen Sie dafür **KV 10**.

Ein Zeitstrahl könnte z. B. wie folgt aussehen:

Zeitstrahl Hanna

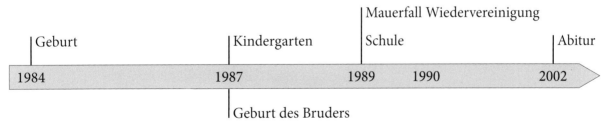

Die verschiedenen Bereiche bekommen unterschiedliche Farben, die persönliche Geschichte z. B. Schwarz, die Familiengeschichte Grün und die politische/gesellschaftliche Geschichte Rot.
– Für lerngeübte KT: Unter http://www.gutzitiert.de/zitat_thema_geschichte.html?page=1

finden Sie Zitate und Sprüche zum Thema Geschichte, z. B.:
– *Der schönste, reichste, beste und wahrste Roman, den ich je gelesen habe, ist die Geschichte.* (Jean Paul)

– Die Geschichte kennt kein letztes Wort. (Willy Brandt)
– Die Geschichte lehrt dauernd, aber sie findet keine Schüler. (Ingeborg Bachmann)

Geben Sie den KT einige Zitate, über die sie in Gruppen oder im Plenum diskutieren.

3   Hier wird die Aufmerksamkeit auf die Geschichte des Heimatlandes und die Ereignisse gelenkt, die die Geschichte besonders geprägt haben.

Lassen Sie KT aus denselben Herkunftsländern zunächst in Gruppen darüber sprechen, bevor sie im Plenum berichten.

Mit der zweiten Fragen dieser Aufgabe erfolgt der Übergang zum ersten Teil des Geschichtsmoduls, die Zeit des Nationalsozialismus. Notieren Sie als Vorentlastung für dieses Thema die Äußerungen der KT in Form eines Wörternetzes, das wie folgt aussehen kann:

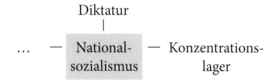

Diktatur
|
... — National- — Konzentrations-
     sozialismus   lager

Der Nationalsozialismus und seine Folgen, S. 35

1–2   Die Zuordnung in **1** erfolgt zunächst in Partner- oder Gruppenarbeit, anschließend Auswertung im Plenum. Stellen Sie zur Verständnissicherung weitere Fragen zu Aufgabe **1**:
– Wie begann der Zweite Weltkrieg?
– Was geschah am 9. November 1938?
– Was hat die Studentengruppe Weiße Rose gemacht? Etc.

Übung 2 dient ebenfalls der Verständnissicherung und der Festigung von zentralem Wortschatz.

3   Die KT sollten den Text nach Lerngeübtheit getrennt in Gruppen bearbeiten, damit KL die lernungeübten KT stärker unterstützen kann.

Wenn lerngeübte KT mit **3a** und **3b** schneller fertig sind, können sie den Text auf verschiedene Weise weiter bearbeiten: Sie erstellen eine Liste mit Jahreszahlen und Ereignissen; oder je ein KT liest einen Abschnitt des Textes noch einmal sehr gründlich durch, um ihn dann den anderen KT in der Gruppe in eigene Worten zu erzählen.

4–5   In diesen Übungen geht es um die Erinnerung an den Nationalsozialismus. **4b** ist in Form eines Projekts möglich: Die KT bekommen die Aufgabe, für den nachfolgenden Unterrichtstag Stolpersteine im Kurs- oder Wohnort ausfindig zu machen, oder nach Gedenktafeln, Denkmälern oder Ausstellungen über die Zeit zu suchen.

Sofern nicht schon einleitend darüber diskutiert wurde, kann **5** noch einmal Gelegenheit bieten, darüber zu sprechen, welche Bedeutung die Zeit des Nationalsozialismus für die Heimatländer der KT hatte, bzw. was man dort heute über diese Zeit weiß.

KV 11   Die KV enthält für lerngeübte KT Stimmen aus der bzw. über die Zeit des Nationalsozialismus'.

Landeskundliche Zusatzinformation

Das Denkmal für die ermordeten Juden Europas **(Holocaust-Mahnmal)** wurde im Mai 2005 eingeweiht. Darunter befinden sich Räume mit Informationen zu den Opfern.

Am 27. Januar 1945 befreite die Rote Armee das Vernichtungslager Auschwitz-Birkenau. Seit 1996 ist dieser Tag in Deutschland ein offizieller **Gedenktag**.

Die **Stolpersteine** sind ein Projekt des Künstlers Gunter Demnig. Es soll an das Schicksal der Menschen erinnert werden, die im Nationalsozialismus ermordet, deportiert, vertrieben oder in den Suizid getrieben wurden. Die Stolpersteine sind kubische Betonsteine mit einer Kantenlänge von zehn Zentimetern, auf deren Oberseite sich eine individuell beschriftete Messingplatte befindet. Sie werden in der Regel vor den letzten frei gewählten Wohnorten der NS-Opfer niveaugleich in das Pflaster des Gehweges eingelassen.

Die Jahre 1945–1949, S. 38

1–2 Die KT lernen die wichtigsten Ereignisse der unmittelbaren Nachkriegszeit kennen. Auch hier sollten sie wieder nach Lerngeübtheit getrennt in Gruppen arbeiten, wobei KL den Text evtl. mit den lernungeübten KT gemeinsam liest. Besprechung der Lösungen im Plenum, indem z. B. an der Tafel eine tabellarische Übersicht angefertigt wird.

Die Jahre der Teilung: 1949–1989, S. 39

1 Auch hier wieder Gruppenarbeit, Auswertung im Plenum. Vorschläge für weitere Fragen zur Verständnissicherung:
– *Wer war Konrad Adenauer?*
– *Was versteht man unter dem „Wirtschaftswunder"?*
– *Warum ist Willy Brandt vor dem Denkmal im Warschauer Ghetto auf die Knie gefallen?*
– *Was geschah am 17. Juni 1953?* O. Ä.

2 In den Lesetexten werden die Informationen aus **1** ausführlicher präsentiert. Damit die Lesepause nicht zu lange dauert, sollten die KT die Abschnitte einzeln lesen. Jeweils nach der Lektüre eines Abschnitts nennen sie die Informationen, die ihnen bereits aus Aufgabe **1** bekannt sind. Nach einer zweiten Lektüre verbinden sie die Sätze in **2b**.

3 Hier sollten sich die KT nicht zu ausführlich äußern. Es genügt, wenn sie eines oder zwei Ereignisse aus der Nachkriegszeit bzw. der Zeit des Kalten Krieges, die für ihr Land wichtig waren, nennen.

Verweilen Sie evtl. etwas länger bei der Frage, welche Bedeutung die Veränderungen in Osteuropa Ende der achtziger und Anfang der neunziger Jahre im Heimatland und ggf. für die KT persönlich oder ihre Familien hatten.

Variante (für lerngeübte KT): Bilden Sie Gruppen, die den Auftrag erhalten, zu je einem der in den Texten von **2a** genannten Ereignisse, z. B. zur Studentenbewegung, zur Ostpolitik oder zur Friedensbewegung der achtziger Jahre, weitere Informationen zu sammeln und darüber ein Kurzreferat von ca. fünf bis zehn Minuten zu halten.

Deutschland seit 1989, S. 42

Schwerpunkt dieses Teils sind die Jahre 1989/90.

1 Vorgehensweise wie beim vorangegangenen Teil in Aufgabe **1**. Mögliche Fragen zur Verständnissicherung:
– *Warum haben DDR-Bürger die westdeutsche Botschaft in Prag besetzt?*
– *Was war die Stasi?* U. Ä.

2 Vertiefung der Informationen aus Aufgabe **1**. Die KT lesen den Text nach Lerngeübtheit getrennt in Gruppen, damit KL lernungeübte KT besser unterstützen kann. Auswertung der Ergebnisse im Plenum.

Varianten:
– Die KT erfinden für die einzelnen Abschnitte in Gruppen passende Überschriften, z. B.:
  – *DDR-Flüchtlinge (Abschnitt 1)*
  – *Rücktritt der DDR-Regierung (Abschnitt 2)*
  – *Vorbereitung der Wiedervereinigung (Abschnitt 3)*
  – *Die Wiedervereinigung (Abschnitt 4)*
  – *Nach der Wiedervereinigung (Abschnitt 5)*
  – *Das Ministerium für Staatssicherheit (Abschnitt 6)*
– KL gibt für lernungeübtere KT diese Überschriften vor, die KT ordnen zu.

3–4 In den nachfolgenden Aufgaben geht es um die Entwicklung Deutschlands nach 1990. In **3** lernen die KT verschiedene Meinungen zur Wiedervereinigung von Deutschen aus Ost und West kennen, in **4** erhalten Sie Informationen, die zeigen, dass der Osten Deutschlands sich nach der Wiedervereinigung weniger positiv entwickelt hat als von vielen erhofft. Dies lässt sich auch an folgenden Zahlen über die Wirtschaftsleistung (Bruttoinlandprodukt pro Einwohner im Jahr 2010) belegen:

1	Hamburg	49 638
2	Bremen	42 046
3	Hessen	37 101
4	Bayern	35 337
5	Baden-Württemberg	33 651
6	Nordrhein-Westfalen	30 421
7	Saarland	29 472
8	Berlin	27 499
9	Niedersachsen	26 974
10	Rheinland-Pfalz	26 861
11	Schleswig-Holstein	26 712
12	Sachsen	22 870
13	Brandenburg	22 258
14	Thüringen	22 252
15	Sachsen-Anhalt	22 245
16	Mecklenburg-Vorpommern	21 730

Quelle: www.bundeslaenderanking.de

Weisen Sie aber darauf hin, dass es auch bei den westdeutschen Bundesländern starke Unterschiede gibt.

Fordern Sie die KT im Zusammenhang mit der Behandlung von **4** auf, deutsche Bekannte oder Freunde bzw. Personen, die die Wendezeit in Deutschland erlebt haben, nach ihrer Meinung zu fragen und darüber im Kurs kurz zu berichten.

5 Die KT erhalten einen kurzen Überblick über die deutsche Geschichte bis 2010.

Varianten:
– Fassen Sie die deutsche Geschichte der Nachkriegszeit zusammen, indem Sie Jahreszahlen an die Tafel schreiben, zu denen die KT Informationen ergänzen, z. B.:
1949: Die Bundesrepublik Deutschland und die DDR werden gegründet
1953: Volksaufstand in der DDR etc.
– Listen Sie die Bundeskanzler bzw. Bundespräsidenten seit 1949 auf. Verteilen Sie dazu ggf. **KV 12**, auf der die Bundeskanzler mit Foto, Parteizugehörigkeit und Regierungszeit präsentiert werden. Dazu können die KT die Aufgabe bekommen, die Informationen über die Kanzler Adenauer, Brandt, Kohl, Schröder und Merkel, die sie in den Texten auf den vorangegangenen Seiten finden, zu sammeln.

Geben Sie evtl. weitere Informationen zu den Bundeskanzlern, z. B.:
– Für Konrad Adenauer waren die Aussöhnung mit Frankreich und die enge Bindung der Bundesrepublik Deutschland an die USA wichtig.
– Ludwig Erhard war von 1949 bis 1963 Bundeswirtschaftsminister und gilt als „Vater des Wirtschaftswunders".
– Kurt Georg Kiesinger war von 1933 bis 1945 Mitglied der NSDAP. In den drei Jahren seiner Zeit als Kanzler stand er an der Spitze einer großen Koalition aus CDU/CSU und SPD.
– Willy Brandt war der erste SPD-Bundeskanzler und trat 1974 zurück, weil einer seiner engsten Mitarbeiter (Günter Guillaume) ein DDR-Spion war etc.

Besprechen Sie mit lerngeübten KT die Äußerungen von Zeitzeugen zur unmittelbaren Nachkriegszeit, dem Mauerbau und dem Mauerfall in **KV 13**.

Deutschland in Europa, S. 45

Die KT erhalten Informationen über die Europäische Union.

1 Partnerarbeit, Besprechung der Lösungen im Plenum.

Der Text gibt einen der wichtigsten Gründe für die Gründung der Europäischen Union an, nämlich Frieden und Sicherheit in Europa zu schaffen. Verweisen Sie darauf, dass es auch schon vor dem Zweiten Weltkrieg über Jahrhunderte immer wieder zu Kriegen zwischen den europäischen Staaten gekommen ist. Heben Sie die sechs Gründungsmitglieder der Europäischen Union besonders hervor und verweisen Sie für den historischen Überblick auf den Informationskasten auf der nachfolgenden Seite.

Variante:
KV 14 Auf der KV werden die Jahreszahlen und Ereignisse der Chronologie auf Seite 46 als Zuordnungsübung präsentiert. Das bietet die Möglichkeit, dass sich die KT etwas intensiver mit wichtigen Ereignissen in der Geschichte der Europäischen Union beschäftigen. Anschließend vergleichen die KT mit dem Lehrbuch.

Lösungen KV 14:

1957: 9 – 1968: 13 – 1973: 4 – 1979: 6 – 1981: 8 – 1986: 11 – 1991: 12 – 1993: 2 – 1995: 7, 10 – 2002: 14 – 2004: 1 – 2007: 3 – 2009: 5

2 In dieser Übung geht es um die wichtigsten Institutionen der EU. Zur Verständnissicherung sind (für lernungeübte KT) z. B. weitere Fragen möglich:
– *Wo ist das Europäische Parlament?*
– *Was ist in Straßburg?* Etc.

Lerngeübte KT können die Sätze 1 bis 5 abdecken und die Funktion der europäischen Institutionen in eigenen Worten zusammenfassen.

3 Bei dieser Übung sollten nicht zuletzt KT aus anderen EU-Staaten zu Wort kommen und über ihr Heimatland berichten und – wenn möglich – das Leben in Deutschland mit dem Leben im Heimatland vergleichen.

KV 15 Nach Abschluss des zweiten Moduls können Sie nun die **KV 15** einsetzen. Hierbei wiederholen die KT den Wortschatz zu diesem Modul.

Lösungen KV 15:

1
1. Stolpersteine – 2. Antisemitismus –
3. Nürnberger Rassengesetze – 4. Widerstand
– 5. Konzentrationslagern
2
1. Nürnberger Prozesse – 2. Besatzungszonen
– 3. Luftbrücke – 4. Trümmerfrauen
3
1. Wirtschaftswunder – 2. Ostpolitik – 3. Studentenbewegung – 4. Umweltbewegung
4
1. Währungsunion – 2. Montagsdemonstrationen – 3. Koalitionsregierung – 4. Wiedervereinigung

Kopiervorlagen

KV 9: Zeittafel Deutschland 1871–1933

KV 10: Vorlage für einen Zeitstrahl

KV 11: Stimmen aus der Zeit des Nationalsozialismus

KV 12: Die Bundeskanzler der Bundesrepublik Deutschland

KV 13: Stimmen aus der Zeit nach dem Zweiten Weltkrieg

KV 14: Zuordnungsübung zur Geschichte der Europäischen Union

KV 15: Wortschatzübung zu Modul 2

Mensch und Gesellschaft

In diesem Modul werden Themen rund um den Alltag und das Zusammenleben in Deutschland behandelt. Die KT erfahren mehr über Interkulturalität bzw. interkulturelle Kompetenz, das Familienleben, Erziehung und Bildung, das Zusammenleben in der Nachbarschaft sowie über Religionsgemeinschaften in Deutschland.

Alltagskultur, S. 50

Die ersten beiden Seiten dienen der allgemeinen Einführung in das Thema.

1 Mit Übung 1 wird das zentrale Thema dieses Teils Zusammenleben im Alltag direkt angesprochen. Bilden Sie Gruppen, jede Gruppe spricht über ein Foto und präsentiert ihre Ergebnisse anschließend im Kurs.

2 Die Besprechung der Grafik sollte im Plenum erfolgen. Führen Sie eine Umfrage im Kurs durch: Jede/r KT darf drei Werte nennen, die ihm/ihr besonders wichtig sind. Die Ergebnisse werden an der Tafel gesammelt.

Varianten:
– Jeder KT notiert auf einem Kärtchen drei Werte, die ihm/ihr wichtig sind. KL sammelt die Kärtchen ein und verteilt sie neu. Jede/r KT liest jeweils die Werte vor, die auf dem neuen Kärtchen stehen, die anderen raten, wer das Kärtchen geschrieben hat.
– Erweitern Sie das Thema, indem Sie **KV 16** mit einer kompletten Übersicht und genaueren Erläuterung der Umfrage kopieren und verteilen. Die 24 hier aufgelisteten Werte sind auch hilfreich, um den KT geeigneten Wortschatz zum Thema zur Verfügung zu stellen.

3 In dieser Übung geht es um weitere Aspekte, die für das Zusammenleben wichtig sind. Die KT notieren zunächst Stichworte in Einzelarbeit und vergleichen ihre Notizen mit ihrem Lernpartner. Es folgt eine allgemeine Diskussion über die Ergebnisse.

4 Die KT werden mit zentralen Themen dieses Moduls vertraut gemacht, womit die Übung auch der Vorentlastung dient. Sie bilden Gruppen, deren Zusammensetzung sich daraus ergibt, mit welchem Thema sich die KT näher befassen wollen. KL unterstützt lernungeübte KT, Fragen zum gewählten Thema zu schreiben. Jede Gruppe sollte mehr als drei Fragen notieren. Anschließend werden die Fragen im Plenum vorgelesen und von KT, die die Antwort kennen, oder glauben sie zu kennen, beantwortet. Es ist an dieser Stelle sekundär, ob die Antworten richtig oder falsch sind. Wichtiger ist, dass sich möglichst viele KT aktiv am Gespräch beteiligen und ihr Vorwissen aktivieren, damit ihr Interesse an den nachfolgenden Themen geweckt wird.

5 In dieser Übung aktivieren die KT ihr Vorwissen. Einzelarbeit, Auswertung im Plenum, die falschen Aussagen sollen auch zur Diskussion darüber anregen, was richtig ist.

Zwischen den Kulturen, S. 52

1-2 Die KT lesen fünf Texte von Migranten oder Kindern von Migranten, die über ihr Verhältnis zum Heimatland bzw. zum Heimatland ihrer Eltern und zu Deutschland berichten.

Fragen Sie die KT, welche Person die eigenen Gefühle am ehesten wiedergibt, nachdem sie **1a** und **1b** gelöst haben. Anschließend berichten die KT, was bzw. welche Tradition oder Gewohnheit aus ihrem Heimatland für sie besonders wichtig ist. KL notiert die Dinge, die die KT nennen, an der Tafel.

3 Dieser Lesetext erläutert die Begriffe Ausländer/in und Migrant/in genauer und gibt einige statistische Informationen. Detaillierte Informationen (für das Jahr 2009) finden Sie u.a. in der folgenden Veröffentlichung des Bundesamtes für Migration und Flüchtlinge: http://www.bamf.de/SharedDocs/Anlagen/DE/Downloads/Infothek/Statistik/statistik-anlage-teil-2-auslaendezahlen.pdf?__blob=publicationFile.

Variante: KL gibt einige Stichworte vor, zu denen die KT Informationen im Text sammeln, um ihn dann in eigenen Worten wiederzugeben, z. B.:
1968: …
2009: …
Stadtstaaten, Hessen: …
Die fünf neuen Bundesländer: …
o. Ä.

Zusammenleben und Familie, S. 54

Die KT lernen Formen des Zusammenlebens in Deutschland kennen.

1 Die KT tauschen im Plenum ihre Erfahrungen und Beobachtungen aus. Geben Sie dafür geeignete Redemittel vor:
Mir ist aufgefallen, …
Ich finde es erstaunlich/interessant/überraschend …
Anders als bei uns gibt es in Deutschland (kein/e) … O. Ä.

Wichtig ist, dass den KT Unterschiede und Gemeinsamkeiten bewusst werden und sie erkennen, dass jedes Land eigene und oft unterschiedliche kulturelle Gewohnheiten hat.

2 **2a** in Partner- oder Einzelarbeit, Auswertung im Plenum, **2b** in Gruppenarbeit. Jede Gruppe liest einen Text und gibt dann die wichtigen Aussagen zu Ehe, Partnerschaft und Kindern in eigenen Worten wieder.

3 Geben Sie den KT einige Minuten Zeit. Jede/r KT schreibt zwei Sätze über das Thema Familie, die er/sie besonders wichtig findet. Anschließend werden die Sätze im Kurs vorgelesen, KL notiert die wichtigsten Aussagen an der Tafel, worauf eine Auswertung folgt: *Was/Welche Punkte haben die KT am häufigsten genannt?*

Anschließend können KT, die dazu bereit sind, über ihr eigenes Verhältnis zur Familie berichten:

– *Wie oft haben sie Kontakt?*
– *Mit wem haben sie wenig/viel Kontakt?*

4 In dieser Übung steht der Grundgesetzartikel 6, in dem es um Eltern, Familie und Kinder geht, im Zentrum. Auch in Modul 1 (S. 11, Schutz von Ehe und Familie – S. 19, Fürsorgepflicht der Eltern) wird er angesprochen, hier erfolgt seine ausführliche Erläuterung.

Da der Wortlaut des Artikels für viele KT sprachlich schwierig sein dürfte, empfiehlt sich Plenumsabreit, ggf. Gruppenarbeit, wobei die Gruppen nach Lerngeübtheit getrennt sind, damit KL sich den lernungeübten KT stärker widmen kann.

KV 21 Als Vorentlastung für den Wortschatz eignet sich auch Übung 1 auf **KV 21**.

5 Die Aussagen des Aktionsbündnisses für Kinderrechte, zu dem UNICEF, der Deutsche Kinderschutzbund und das Deutsche Kinderhilfswerk gehören, sollen u. a. Anlass geben, abschließend darüber zu diskutieren, ob die (deutsche) Gesellschaft genug für die Kinder tut. Weitere Informationen über das Aktionsbündnis finden Sie unter http://www.kinderrechte-ins-grundgesetz.de/.

Gleichberechtigung und Gleichbehandlung, S. 56

1 **1a** in Einzelarbeit, Auswertung im Plenum, **1b** in Gruppenarbeit, jede Gruppe bearbeitet einen Text und stellt die Ergebnisse im Plenum vor. Bei **1c** sammeln die KT zunächst passende Punkte in Partnerarbeit oder in Gruppen, die anschließend an der Tafel tabellarisch gesammelt werden.

2 Hier lernen die KT weitere Details zum Thema Gleichberechtigung kennen, ein Vergleich mit dem Heimatland schließt sich an. Die KT besprechen die Lösungen in **2** zunächst in Gruppen, Auswertung im Plenum.

3 KT mit gleichen Herkunftsländern sollten in Gruppen zusammenarbeiten, anschließend beschreibt je ein Vertreter / eine Vertreterin jeder Gruppe die Unterschiede und Gemeinsamkeiten.

4 Verfahren Sie hinsichtlich des Wortschatzes in dem Grundgesetzartikel z. B. wie folgt: Bilden Sie Gruppen und schreiben Sie wichtige Begriffe auf Kärtchen (*Geschlecht, Abstammung, religiöse/politische Anschauungen*). Jede Gruppe erhält einen Begriff und versucht, dessen Bedeutung zu erklären. Anschließend Besprechung der Ergebnisse im Plenum. Dann lesen die KT den Absatz aus Art. 3 des Grundgesetzes und sprechen über die Anzeigen.

Lassen Sie die KT auch berichten, was in Stellenanzeigen ihres Heimatlandes erlaubt oder verboten ist.

Die Kindererziehung, Elternhaus und Schule, S. 58

KV 17 In diesem Teil stehen die Erziehungsziele sowie die Bedeutung von Schulbildung im Zentrum. Wahrscheinlich kennen die KT das deutsche Schulsystem bereits aus dem Integrationssprachkurs. Sollte dies nicht der Fall sein, können Sie den KT die **KV 17** zur Verfügung stellen, die eine Grafik und Basisinformationen über dieses Thema enthält.

1 Diese Übung führt in das Thema ein. Die KT sollen anhand der Sätze darüber sprechen, was sie selbst oder was man allgemein unter Erziehung von Kindern versteht.

2–3 2 macht bewusst, dass nicht nur die Eltern Erziehungsaufgaben haben, sondern dass auch der Kindergarten, die Schule sowie andere Personen, z. B. Großeltern diese Aufgabe übernehmen. In 3 geht es wieder um den Vergleich mit dem Heimatland. Lassen Sie die KT vor allem auch berichten, welche Rolle andere Familienmitglieder außer der Eltern im Heimatland für die Kindererziehung spielen.

4–5 Die in **4** genannten Erziehungsziele sind ähnlich im RC genannt (Vgl. RC, S. 29) mit der Zuordnung erhalten die KT Informationen über die Bedeutung dieser Begriffe. In **5** geht es darum, dass die KT konkrete Beispiele für diese Erziehungsziele sammeln. Beide Übungen sollten zunächst in Gruppenarbeit durchgeführt werden, bevor im Plenum über das Thema gesprochen wird.

6 Die KT lesen drei Stellungnahmen zum Thema Erziehung und Schule. Sie sollen erkennen, dass Kontakte zu Lehrern wichtig sind und dass der Schulerfolg der Kinder auch vom Engagement der Eltern abhängt. (s. dazu auch RC, S. 28, in dem als Lernziel formuliert wird: „KT reflektieren die Verantwortung der Familie für den Bildungserfolg der Kinder")

Die KT können die Antworten auf die Fragen auch notieren, um die Texte dann noch einmal auf Basis ihrer Notizen mündlich zusammenzufassen.

7 Die KT lesen zunächst die Aussagen und wählen in Partnerarbeit zwei Meinungen aus, zu denen sie oder gegen die sie Argumente notieren. Anschließend tragen sie ihre Argumente im Kurs vor.

Varianten:
– Die KT lesen ihre Pro- oder Kontraargumente vor, ohne zu sagen, zu welchen Meinungen sie gehören. Die anderen KT raten, um welche Aussagen es sich handelt.
– Partnerarbeit. KL notiert Meinungen zur Erziehung auf Kärtchen, z. B.:
  – *Lehrer sollten Partner der Schüler sein.*
  – *Man muss den Kindern Grenzen zeigen.*
  – *Man muss Geduld haben, wenn man Kindern erklärt, was richtig oder falsch ist.*
  – *Die Eltern sollten die Kinder bei Schulproblemen unterstützen.* O. Ä.
Je zwei KT erhalten ein Kärtchen und erläutern Ihrem Lernpartner / ihrer Lernpartnerin Argumente, die für diese Meinung sprechen.

Für das Jahr 2009 hat das Statistische Bundesamt folgende Zahlen zum Thema **Migration und Bildung** veröffentlicht:

Ohne Migrationshintergrund:
Schüler ohne Schulabschluss: 1,8 % – mit Abitur: 19,4 %
Bevölkerung insgesamt: 3,9 % – 20,1 %
Mit Migrationshintergrund: 14,0 % – 23,3 %
Ausländer: 21,2 % – 25,4 %
Türkischer Migrationshintergrund: 31,0 % – 9,2 %

Weiterbildung, S. 60

Eines der Lernziele laut Rahmencurriculum ist, dass die KT die Bedeutung von lebenslangem Lernen erkennen (Vgl. RC, S. 28). Deshalb erhalten die KT in diesem Teil Informationen über Weiterbildung und sollen angeregt werden, über Weiterbildungsmöglichkeiten nachzudenken.

1–2 Die KT lösen die Aufgaben in Partnerarbeit, Auswertung im Plenum.

3 Lassen Sie die KT je einen für sie interessanten Bereich für Weiterbildung nennen. Anschließend erhalten sie die Aufgabe, für den nächsten Unterrichtstag geeignete Angebote im Kurs- bzw. Wohnort oder in der Umgebung zu finden.

Wir werden immer älter, S. 61

Zu den Lernzielen des Rahmencurriculums gehört ebenfalls, dass die KT die Notwendigkeit privater Vorsorge erkennen (Vgl. RC, S. 19) und dass sie über die Beziehung der Generationen nachdenken (Vgl. ebd.).

1 Einleitend sprechen die KT darüber, was es bedeutet, älter zu werden bzw. zu den Senioren/Seniorinnen einer Gesellschaft zu gehören.

Variante: Bilden Sie Gruppen und schreiben Sie Kärtchen mit Aussagen über das Thema, die Sie an die KT verteilen, z. B.:

– *Die Jüngeren können von den Älteren lernen.*
– *Es ist wichtig, dass die Jüngeren Respekt vor den Älteren haben.*
– *Die Älteren sollten frei entscheiden, ob sie auch noch arbeiten wollen, wenn sie älter als 67 sind.* O. Ä.

Je zwei KT erhalten ein Kärtchen, um eine kurze Stellungnahme dazu zu notieren, die anschließend im Plenum präsentiert wird.

2 Bilden Sie Gruppen. Je eine Gruppe liest einen Text und markiert wichtige Informationen, um sie im Plenum vorzutragen.

3 Hier geht es um die zu erwartenden Folgen des Umstands, dass in Deutschland die Zahl der Senioren/Seniorinnen steigt. Zunächst lesen die KT den kurzen Informationstext und die Sätze, es folgt eine Besprechung der Sätze im Plenum.

4 Sofern die KT dazu bereit sind, sollten sie hier auch über die ältere Generation in der eigenen Familie sprechen.

Interkulturelle Kompetenz, S. 62

1–2 Die fünf in **1a** dargestellten Situationen sind alltägliche Beispiele für interkulturelle Missverständnisse, mit denen fast jeder schon einmal Erfahrung gemacht haben dürfte. Die KT lesen die Texte in Einzelarbeit, Besprechung der Lösungen von **1a** und **1b** im Plenum. Anschließend berichten die KT über eigene Erfahrungen und darüber, was sie aus negativen Erlebnissen mit interkulturellen Missverständnissen gelernt haben.

3–4 In **3** erfolgt eine nähere Erläuterung des Begriffs interkulturelle Kompetenz, in **4** sollen die KT anhand konkreter Beispiele kulturelle Unterschiede beschreiben. Dabei kann **4** für die KT auch Anlass geben, über den eigenen Lernfortschritt in Sachen interkultureller Kompetenz nachzudenken.

Auch KL sollte bei diesem Thema nicht außen vor bleiben. Da KL in Deutschkursen aller Art immer wieder mit Angehörigen der verschiedensten Kulturkreise zu tun und oft auch selbst längere Auslandaufenthalte hinter sich haben, sollten sie über die eigenen Erfahrungen (und Fehler) berichten, damit den KT bewusst wird, dass das Thema die Einheimischen ebenso betreffen kann wie die Migranten, die neu in eine Gesellschaft kommen.

5 Bilden Sie vier Gruppen, jede Gruppe notiert zwei Vorschläge. Die Vorschläge werden an der Tafel gesammelt und es wird abgestimmt, welchen Vorschlag die KT am geeignetsten finden, um interkulturelle Kompetenz zu lernen.

Zusammenleben in der Nachbarschaft, S. 64

1–2 Die KT beschreiben zunächst das Bild und notieren die Probleme, die danach an der Tafel gesammelt werden. Anschließend besprechen die KT, welche Konflikte es zwischen den Mietern geben kann, bzw. wie sich diese entwickeln können, wenn es keine gemeinsame Lösung für die Probleme gibt. Dann lesen sie den Text in **2** über den Sinn einer Hausordnung.

3–4 Als Unterstützung finden Sie im Internet zahlreiche Muster-Hausordnungen z. B. unter http://www.mieterbund.de/fileadmin/pdf/mietvertrag/hausordnung.pdf oder unter http://www.immopilot.de/Vermieter/Hausovermieter/Hausomuster/hausomuster.html.

Wenn man sich mit diesem Thema eher am Anfang des Kurses beschäftigt, können die KT parallel zu den Regeln in der Hausordnung Regeln für den Kurs auf einen großen Bogen Packpapier schreiben und im Kursraum aufhängen, damit sie sich immer wieder daran erinnern, z. B.:
– *Wir hören einander zu.*
– *Wir schalten während des Unterrichts die Handys aus.* Etc.

5 Die KT berichten im Plenum und es wird überprüft, ob und wie diese Regeln mit denen, die in den vorangegangenen Übungen Thema waren, übereinstimmen.

Sofern es möglich ist und die KT dazu bereit sind, können sie ihre Hausordnung in den Unterricht mitbringen.

Variante:
KV 18 Die KV enthält vier Situationen zum Thema Nachbarschaft (Partnerübungen). Die ersten beiden Situationen sind Dialogübungen (Beschwerde über Lärm in der Nachbarwohnung, Bitte eines Nachbarn, während des Urlaubs die Blumen zu gießen). In den beiden anderen schreiben die KT eine Notiz (Hoffest) bzw. einen Brief an die Hausverwaltung (Aufzug im Haus ist kaputt).

Recht im Alltag, S. 65

Die KT lernen Regeln und Gesetze kennen, die für ihren Alltag wichtig sein können: Es geht um die Ehescheidung, falsche Bescheide vom Finanzamt, Verbraucherrechte und Arbeitnehmerrechte bzw. die Arbeit von Betriebsräten.

1 Die KT lesen die Texte, KL notiert unbekannten Wortschatz an der Tafel, der nach der ersten Lektüre geklärt wird. Nach einer zweiten Lektüre lösen sie die Aufgabe.

2 Die KT sammeln die Gründe für die abgedruckten Regeln zunächst in Gruppen, es folgt die Besprechung im Plenum.

Variante:
– KT schreibt die Sätze aus **2** auf Kärtchen und dazu evtl. weitere, z. B.:
 – *Personen unter 18 dürfen keinen Alkohol kaufen.*
 – *In den Zentren großer Städte sind die Parkgebühren sehr hoch.*
 – *In Fußgängerzonen darf man nicht mit dem Fahrrad fahren.*
 – *Es ist in Prüfungen nicht erlaubt, bei anderen abzuschreiben.* O. Ä.
Außerdem werden die Sätze an die Tafel geschrieben. Jeweils zwei KT erläutern die Regel oder das Gesetz bzw. geben Gründe an, warum es sie gibt oder was passieren würde, wenn es sie nicht geben würde, ohne die Regel direkt zu nennen. Die anderen raten, was gemeint ist.

Religiöse Vielfalt, S. 66

In diesem Teil erfahren die KT mehr über die Religionsgemeinschaften in Deutschland sowie das Grundrecht auf Religionsfreiheit, das bereits in Modul 1 anlässlich der Besprechung der Grundrechte kurz genannt wurde.

1–2 In diesen Übungen überprüfen die KT ihre Grundkenntnisse über die verschiedenen Religionen. Es geht nicht um Detailkenntnisse, sondern lediglich darum, ob die KT in groben Zügen über andere Religionen außer der eigenen informiert sind. Fragen Sie die KT bei der Besprechung der Lösungen, welches Wissen sie darüber hinaus über die Religionen haben.

3 Das Schaubild informiert über die Größe der Religionsgemeinschaften in Deutschland. Lassen Sie es von den KT beschreiben.

4–5 Der Text informiert über die Religionsfreiheit und die Stellung der Religionen in Deutschland. Die KT lesen den Text und machen zu den Fragen Notizen, bevor sie im Plenum beantwortet werden.

Anschließend berichten die KT kurz über die Religionen in ihrem Heimatland.

6 Die KT erhalten Informationen über Feiertage in Deutschland.

Variante:
KV 19 Neben den Übungen 1 und 2 bietet **KV 19** eine weitere Möglichkeit für die KT, sich mit den verschiedenen Religionen auseinanderzusetzen, indem Sie die Namen und die Beschreibung von religiösen Festen im Christentum, Judentum, Islam, Hinduismus und im Buddhismus einander zuordnen.

Lösungen KV 19:

1. B – 2. D – 3. C – 4. A – 5. E

Landeskundliche Zusatzinformation

Folgende **Feiertage** in Deutschland sind nicht bundeseinheitlich:
– Heilige Drei Könige, 6. Januar: Baden-Württemberg, Bayern, Sachsen-Anhalt
– Fronleichnam (Ostersonntag plus 60 Tage): Baden-Württemberg, Bayern, Hessen, Nordrhein-Westfalen, Rheinland-Pfalz, Saarland
– Reformationstag (31. Oktober): Brandenburg, Mecklenburg-Vorpommern, Sachsen, Sachsen-Anhalt, Thüringen
– Allerheiligen (1. November): Baden-Württemberg, Bayern, Nordrhein-Westfalen, Rheinland-Pfalz, Saarland
– Buß- und Bettag (Mittwoch vor dem 23. November): Sachsen

Die Festlegung von Feiertagen ist Ländersache, Ausnahme ist der 3. Oktober. Die meisten Feiertage hat Bayern (13), die wenigsten haben Berlin, Bremen, Hamburg, Niedersachsen und Schleswig-Holstein (je 9).

Bewegliche Feiertage:
Ostern fällt immer auf den Sonntag nach dem ersten Frühjahrsvollmond, im Gregorianischen Kalender, also frühestens auf den 22. März und spätestens auf den 25. April.
Christi Himmelfahrt wird 39 Tage nach dem Ostersonntag gefeiert. Der frühestmögliche Termin ist der 30. April, der spätmöglichste der 3. Juni.
Das Pfingstfest ist sieben Wochen nach Ostern. Damit fällt der Pfingstsonntag stets auf die Zeit zwischen dem 10. Mai und dem 13. Juni.

7 Hier haben die KT Gelegenheit, über ihre eigene Religion zu berichten. Bilden Sie Gruppen, in denen möglichst viele Nationalitäten und Religionen vertreten sind. Die KT berichten sich zunächst gegenseitig, anschließend stellen sie die Religion ihrer Partner/innen vor.

8 Das Grundrecht der Religionsfreiheit ist häufig Belastungen ausgesetzt, oft auch, wenn es um den Schulbesuch der Kinder bzw. um die Schule geht. Häufig müssen Gerichte entscheiden, welchen Stellenwert es gegenüber anderen

Grundrechten hat. Die vier authentischen Fälle sollen als Anlass für eine Diskussion über Religionsfreiheit dienen.

Die Zeit, S. 68

In diesem Teil geht es um unterschiedliche Zeitwahrnehmungen.

1 Diese Übung stimmt auf das Thema ein. Verteilen Sie ggf. Sprichwörter zum Thema Zeit, die KT besprechen in Gruppen, was sie bedeuten, z. B.:
– *Zeit heilt alle Wunden.*
– *Eins, zwei, drei! Im Sauseschritt. (Wilhelm Busch)*
– *Was du heute kannst besorgen, das verschiebe nicht auf morgen.* O. Ä.

2 In dem Text wird der Unterschied zwischen monochronen und polychronen Kulturen anhand eines Beispiels aus China deutlich gemacht.

Lassen Sie die KT nach einer zweiten Lektüre kurz den Unterschied zwischen der linearen und der zirkulären Zeitwahrnehmung beschreiben. Anschließend sprechen sie über das Verhalten bzw. die Arbeitsweise der Bankangestellten:
– *Finden Sie diese ungewöhnlich?*
– *Ist Ihnen eine derartige Arbeitsweise vertraut?*
– *Wie ist Ihr eigenes Verhältnis zur Zeit?*
– *Wie arbeiten Sie?*

3 Diese Aufgabe behandelt das Thema Pünktlichkeit. Fragen Sie die KT einleitend nach ihren Erfahrungen mit Pünktlichkeit:
– *Welche Unterschiede gibt es zu Ihrem Heimatland?*
– *Wie wichtig ist Pünktlichkeit allgemein?*

Anschließend lesen die KT die Situationen und kreuzen an, ob Pünktlichkeit ihrer Meinung nach wichtig oder weniger wichtig ist. Fragen Sie die KT, ob es Situationen gibt, bei denen man nicht zu früh kommen sollte (z. B. bei einer Einladung zu einer privaten Party) oder bei denen es gut ist, etwas früher zu kommen (z. B. bei einer Einladung zu einem Bewerbungsgespräch).

Zusatzinformation

Zeitwahrnehmung im interkulturellen Vergleich
Zeit wird entweder als einzelne, fortlaufende Linie wahrgenommen oder als Zyklus. Der Anthropologe Edward T. Hall unterscheidet deshalb monochrone und polychrone Kulturen.

Polychrone Kulturen
Polychrone Kulturen haben ein zyklisches bzw. mehrliniges, „vertikales" Zeitverständnis. Es gibt verschiedene „Zeitstränge", die gleichzeitig existieren und parallel verlaufen. Die Zeitplanung in solchen Kulturen ist flexibel und der Pünktlichkeit kommt eine nur untergeordnete Rolle zu. Menschen in Gesellschaften mit polychronem Zeitverständnis haben Zeit. In zwischenmenschlichen Beziehungen und Kommunikationen ist der korrekte Abschluss der Interaktion wichtiger als die Einhaltung eines wie auch immer gearteten Zeitplans.
Eine solche Zeitauffassung findet sich noch in östlichen Kulturen und Naturvölkern.

Monochrone Kulturen
Moderne Gesellschaften haben ein lineares, „horizontales" Zeitverständnis, das eng mit dem Begriff Fortschritt gekoppelt ist. In Nordeuropa, Japan und den Vereinigten Staaten gibt es nur eine Zeit und diese wird auf die Sekunde genau eingehalten. Sie wird in einzelne, kleine Abschnitte eingeteilt, diese werden geplant und organisiert. Auch zwischenmenschliche Beziehungen werden nach der Uhr organisiert und die Pünktlichkeit den Erfordernissen der Interaktion übergeordnet.
Pünktlichkeit gilt als Tugend, während Unpünktlichkeit unhöflich ist. Eine Verspätung, die eine gewisse Toleranzgrenze über- oder unterschreitet, kann als Beleidigung und Respektlosigkeit wahrgenommen werden.

Quelle: www.wikiweise.de

KV 20 Auf der KV sind einige Alltagssituationen auf Kärtchen zum Ausschneiden zusammengefasst. Aufgabe der KT ist es, in diesen Situationen das korrekte bzw. üblicherweise erwartete Verhalten zu beschreiben.

Sie können mit dieser Kopiervorlage z.B. wie folgt arbeiten:
– Schneiden Sie die Kärtchen aus. Bilden Sie Gruppen. Jede Gruppe erhält eine oder zwei Kärtchen und beschreibt im Plenum die betreffende Situation. Die anderen KT raten, welche Situation gemeint ist.
– Die Gruppen erhalten alle acht Situationen, die sie beschreiben. Danach vergleichen die Gruppen ihre Ergebnisse.

KV 21 Nach Abschluss des dritten Moduls können Sie nun die **KV 21** einsetzen. Hierbei wiederholen die KT den Wortschatz zu diesem Modul.

Lösungen KV 21:
1 1. Erziehungsberechtigte – 2. staatliche Gemeinschaft – 3. leibliche und seelische Entwicklung – 4. eheliche, uneheliche **2** 1. Steuerbescheid – 2. Interkulturelle Kompetenz – 3. Hausordnungen – 4. Familiengericht – 5. Gleichbehandlung – 6. Toleranz – 7. Kirchensteuer – 8. Altersrente – 9. Konfession – 10. Weiterbildung – 11. Migranten – 12. Vertrauenslehrer

Kopiervorlagen

KV 16: Wichtige Werte: Komplette Übersicht

KV 17: Das deutsche Schulsystem

KV 18: Sprech- und Schreibübungen zum Thema Nachbarschaft

KV 19: Zuordnungsübung zu religiösen Feiertagen

KV 20: Verhalten in Alltagssituationen

KV 21: Wortschatzübung zu Modul 3

Der Orientierungskurs – Eine Bilanz

Neben einem Rückblick auf den Kurs erhalten die KT hier Informationen über den Orientierungskurstest.

1 Die KT lesen die Aussagen. KL fertigt eine Kursstatistik darüber an, welchen Aussagen die KT am meisten zustimmen. Dabei sollte es für sie möglich sein, auch zwei Aussagen zu nennen.

2 In dieser Aufgabe sollte ebenso eine Statistik darüber gemacht werden, was die Mehrzahl der KT in den einzelnen Modulen am interessantesten und was sie nicht interessant fand. Es kann sich eine allgemeine Kurskritik anschließen, bei der möglichst jede/r KT eine kurze Stellungnahme abgibt.

3 Wahrscheinlich haben sich die KT im Laufe des Orientierungskurses teils im Unterricht und teils zu Hause mit den Fragen im Orientierungskurstest beschäftigt. Der Informationskasten gibt eine zusammenfassende Darstellung des Orientierungskurstests.

Mit den Sätzen der Übung sollen den KT vor allem Prüfungstechnik vermittelt werden. Sprechen Sie die Lösungen im Kurs sorgfältig durch und weisen Sie die KT auf typische Fehler in einer Prüfung dieser Art hin (z. B., dass man nichts ankreuzt, wenn man bei einer Aufgabe nicht sicher ist).

Die Grundrechte

Ordnen Sie zu.

A Eine Zensur findet nicht statt. (GG, Art. 5, Abs. 1)

B Niemand darf wegen seiner Behinderung benachteiligt werden. (GG, Art. 3, Abs. 3)

C Alle Menschen sind vor dem Gesetz gleich. (GG, Art. 3, Abs. 1)

D Alle Deutschen haben das Recht, sich ohne Anmeldung oder Erlaubnis friedlich und ohne Waffen zu versammeln. (GG, Art. 8, Abs. 1)

E Männer und Frauen sind gleichberechtigt. (GG, Art. 3, Abs. 2)

F Das Briefgeheimnis sowie das Post- und Fernmeldegeheiminis sind unverletzlich. (GG, Art. 10, Abs. 1)

1

2

3

4

5

6

Die Bundesländer

Land		Größe (km²)	Einw. (Mio.)	Haupt-stadt	weitere wichtige Städte
Baden-Württemberg		35 751	10,75	Stuttgart	Freiburg, Heidelberg, Karlsruhe, Mannheim
Bayern		70 553	12,51	München	Augsburg, Nürnberg, Fürth, Regensburg, Würzburg
Berlin		883	3,44		
Brandenburg		29 477	2,51	Potsdam	Brandenburg, Cottbus, Frankfurt/Oder
Bremen		404	0,66		
Hamburg		755	1,77		
Hessen		21 114	6,06	Wies-baden	Frankfurt, Darmstadt, Kassel
Mecklenburg-Vorpommern		23 421	1,65	Schwerin	Greifswald, Rostock, Stralsund
Nieder-sachsen		47 438	7,93	Hanno-ver	Braunschweig, Göttingen, Olden-burg, Osnabrück, Wolfsburg
Nordrhein-Westfalen		34 068	17,87	Düssel-dorf	Aachen, Bochum, Bonn, Dortmund, Duisburg, Essen, Köln, Münster
Rheinland-Pfalz		19 848	4,01	Mainz	Kaiserslautern, Koblenz, Trier
Saarland		2 570	1,02	Saar-brücken	
Sachsen		18 412	4,17	Dresden	Chemnitz, Leipzig
Sachsen-Anhalt		20 443	2,36	Magde-burg	Dessau, Halle
Schleswig-Holstein		15 763	2,83	Kiel	Flensburg, Lübeck
Thüringen		16 176	2,25	Erfurt	Eisenach, Jena, Weimar

(Quelle: www.wikipedia.de)

Deutschlandkarte

Ordnen Sie zu.

Baden-Württemberg – Bayern – Berlin – Brandenburg – Bremen – Hamburg – Hessen –
Mecklenburg-Vorpommern – Niedersachsen – Nordrhein-Westfalen – Rheinland-Pfalz –
Saarland – Sachsen – Sachsen-Anhalt – Schleswig-Holstein – Thüringen

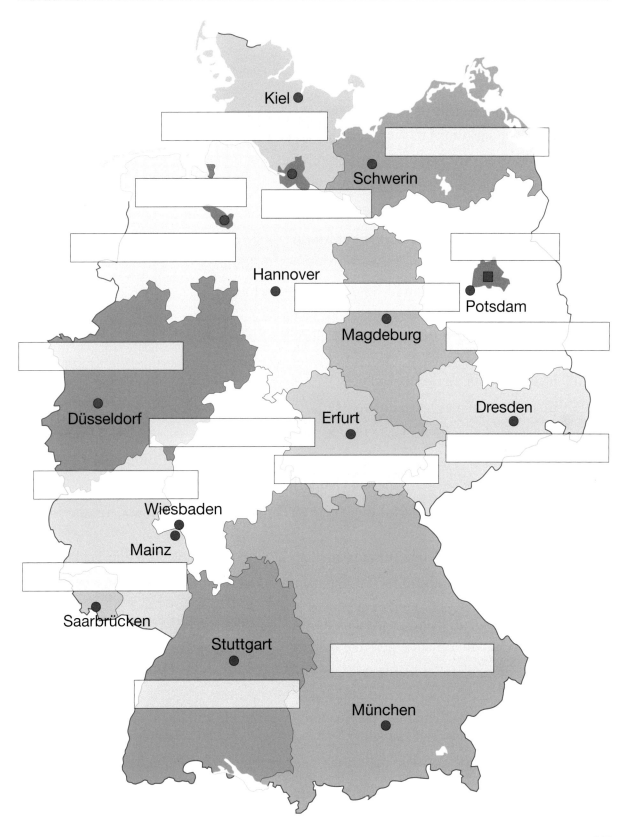

Die Bundesministerien

Ordnen Sie zu.

A der Innenminister / die Innenministerin

B der Minister / die Ministerin für Arbeit und Soziales

C der Finanzminister / die Finanzministerin

D der Gesundheitsminister / die Gesundheitsministerin

E der Justizminister / die Justizministerin

F der Umweltminister / die Umweltministerin

G der Außenminister / die Außenministerin

H der Verteidigungsminister / die Verteidigungsministerin

I der Minister / die Ministerin für wirtschaftliche Zusammenarbeit und Entwicklung

J der Verkehrsminister / die Verkehrsministerin

K der Minister / die Ministerin für Ernährung, Landwirtschaft und Verbraucherschutz

L der Familienminister / die Familienministerin

M der Minister / die Ministerin für Wirtschaft und Technologie

N der Minister / die Ministerin für Bildung und Forschung

1 Er/Sie ist für die Bundeswehr zuständig.

2 Er/Sie ist unter anderem für das System der Krankenversicherung, die Krankenhäuser und die Ärzte zuständig.

3 Er/Sie kümmert sich um die Kontakte zu anderen Staaten.

4 Er/Sie verwaltet die deutschen Finanzen.

5 Er/Sie ist unter anderem für die Sicherheit von Lebensmitteln zuständig.

6 Er/Sie ist unter anderem für den Naturschutz zuständig.

7 Er/Sie ist unter anderem für die innere Sicherheit (z. B. Grenzschutz, Bekämpfung von Kriminalität) zuständig.

8 Er/Sie ist unter anderem für die Familienpolitik und den Jugendschutz zuständig.

9 Er/Sie ist unter anderem für den Bau von Autobahnen und die Deutsche Bahn zuständig.

10 Er/Sie ist unter anderem für die Sicherung und den Ausbau des Rechtsstaates sowie für die deutschen Bundesgerichte zuständig.

11 Er/Sie ist unter anderem für die Arbeitsmarktpolitik und die soziale Sicherheit zuständig.

12 Er/Sie ist unter anderem für die Ausbildung in Schule und Beruf sowie für die Förderung der Wissenschaft zuständig.

13 Er/Sie ist für die Entwicklungszusammenarbeit mit anderen Ländern zuständig.

14 Er/Sie ist unter anderem für die Wirtschafts- und Technologiepolitik zuständig.

Gerichte und Rechtsmittel

	Verfassungs-gerichtsbarkeit	Ordentliche Gerichtsbarkeit		Arbeits-gerichtsbarkeit	Allgemeine Verwaltungs-gerichtsbarkeit	Besondere Verwaltungsgerichte	
		Zivilsachen	Strafsachen			Sozialgerichts-barkeit	Finanzgerichts-barkeit
Gerichte des Bundes	Bundes-verfassungs-gericht	Bundesgerichtshof		Bundes-arbeits-gericht	Bundes-verwaltungs-gericht	Bundes-sozial-gericht	Bundes-finanz-hof
		Zivilsenate	Strafsenate				
Gerichte der Länder	Verfassungs-gerichte der Länder	Oberlandesgerichte		Landes-arbeits-gericht	Ober-verwaltungs-gericht	Landes-sozial-gericht	Finanz-gericht
		Zivilsenate	Strafsenate				
		Landgerichte		Arbeits-gerichte	Verwaltungs-gerichte	Sozial-gerichte	
		Zivilkammern	Strafkammern				
		Amtsgerichte					
		Einzelrichter	Einzel-richter / Schöff.-gericht				
Rechtsgrund-lagen	Art. 92–94 Grund-gesetz. Gesetz über das Bundes-verfassungsgericht	Gerichtsverfassungsgesetz Zivilprozessordnung Strafprozessordnung		Arbeits-gerichtsgesetz	Verwaltungsgerichts-ordnung	Sozialgerichts-gesetz	Finanzgerichts-ordnung

Legende:
- 1. Instanz
- Berufungsinstanz
- Revisionsinstanz
- Rechtsmittel der Berufung (Tatsachen- u. Rechtskontrolle)
- Rechtsmittel der Revision (nur Rechtskontrolle)

Sehen Sie sich die Grafik an und lesen Sie den Text.

a) Beschreiben Sie das System der Gerichte und Instanzenwege.

b) Inwiefern ist die Unabhängigkeit der Richter besonders geschützt?

Der Bundestag und die Landesparlamente verabschieden die Gesetze. Die Rechtsprechung, d. h. die Auslegung der Gesetze, ist Sache der Gerichte bzw. der Richterinnen und Richter, die durch das Grundgesetz (Art. 97) besonders geschützt sind:

„(1) Die Richter sind unabhängig und nur dem Gesetze unterworfen.

(2) Die hauptamtlich und planmäßig endgültig angestellten Richter können wider ihren Willen nur kraft richterlicher Entscheidung … vor Ablauf ihrer Amtszeit entlassen … oder an eine andere Stelle … versetzt werden."

Richter können also nicht einfach abgesetzt oder von den Politikern beeinflusst werden.

Gerichte müssen im Einzelfall darüber entscheiden, was Recht ist. Dazu müssen Sie genau untersuchen, „was Sache ist". Im Amtsdeutsch heißt das: Klärung des Sachverhalts. Ist der Sachverhalt klar, besteht die Aufgabe darin, die in Frage kommenden Paragraphen genau anzuwenden.

Oft sind die Sachverhalte neu und kompliziert. Eine Rechtsprechung für das Internet z. B. hat es vor 20 Jahren noch nicht gegeben. Daher sind auch Fehler möglich und die Sachverhalte müssen von mehreren Gerichten geklärt werden. Deshalb ist das Gerichtswesen stufenförmig aufgebaut. Die einzelnen Stufen heißen Instanzen. Für jeden Rechtsfall gibt es eine Eingangsinstanz oder erste Instanz, in der das Gerichtsverfahren beginnt. Am Ende haben die beteiligten Parteien die Möglichkeit, das Urteil des Gerichts der nächsthöheren Instanz vorzulegen. So kommt es zum „Gang durch die Instanzen". Dabei kann es Jahre dauern, bis die höchste Instanz eine Sache endgültig entschieden hat.

Unsere Pflichten

Ordnen Sie zu.

Steuerpflicht

Schulpflicht

Ausweispflicht

Fürsorgepflicht

Respektierung der Gesetze

Meldepflicht

Die Nationalhymne

Deutsche Nationalhymne

August Heinrich Hoffmann
(1798–1874)

Joseph Haydn
(1732–1809)

Ei - nig - keit und Recht und Frei-heit für das deut-sche Va - ter - land!
Da-nach lasst uns al - le stre-ben, brü-der - lich mit Herz und Hand!

Ei - nig - keit und Recht und Frei-heit sind des Glü - ckes Un - ter - pfand:

Blüh im Glan-ze die - ses Glü-ckes, blü - he, deut-sches Va - ter - land!

1   Grundrechte. Ergänzen Sie die Wörter im Kasten.

> Meinungsfreiheit – Würde – Glaubens- und Gewissensfreiheit –
> Menschenrechte – Entfaltung

1. Die Basis der Grundrechte im Grundgesetz sind die _____.

2. Artikel 1 nennt das wichtigste Grundrecht: Die _____ des Menschen ist unantastbar.

3. _____ bedeutet, dass jeder seine Religion frei wählen kann.

4. Man hat das Recht auf freie _____ der Persönlichkeit, aber man muss die Gesetze beachten.

5. _____ bedeutet, dass jede/r das Recht hat, seine Meinung zu sagen.

2   Politisches System. Ergänzen Sie die Wörter im Kasten.

> Legislative – Gewalt – Gewaltenteilung – Bundesrat – Hürde –
> Bundesversammlung – Bundesverfassungsgericht – Bundesland – Bundesregierung –
> Bundestag – Bundespräsident

1. Der _____ wird alle vier Jahre gewählt.

2. Das _____ prüft, ob Gesetze mit dem Grundgesetz übereinstimmen.

3. Die _____ besteht aus dem Bundeskanzler / der Bundeskanzlerin und den Bundesministern/-innen.

4. Im _____ sitzen Vertreter der Landesregierungen.

   Jedes _____ hat je nach Größe drei bis sechs Stimmen.

5. Der _____ repräsentiert den Staat. Er wird all fünf Jahre

   von der _____ gewählt.

6. _____ bedeutet, dass die _____, die Exekutive und die Judikative voneinander unabhängig sind.

7. Die Medien nennt man wegen ihres großen Einflusses oft auch

   die vierte _____.

8. Die 5%-_____ bedeutet, dass eine Partei mindestens 5 % der Stimmen braucht, um ins Parlament zu kommen.

Deutsche Geschichte. Zeittafel 1871–1933

1871: Gründung des Deutschen Reiches. Berlin wird die Hauptstadt, der preußische König wird am 18.01. zum deutschen Kaiser Wilhelm I. proklamiert. Otto von Bismarck wird Reichskanzler.

1871–1876: Kulturkampf in Preußen, die katholische Kirche sollte unter staatliche Kontrolle gebracht werden, wogegen katholische Geistliche und Gläubige Widerstand leisteten.

1878: Sozialistengesetz. Verbot aller sozialdemokratischen Vereine, Versammlungen und Druckschriften.

1884/85 und 1889: Deutschland wird Kolonialmacht (Südwestafrika – heute: Namibia, Kamerun, Togo, Neuguinea, Marschall-Inseln, 1889: Deutsch-Ostafrika (heute Tansania, Ruanda und Burundi).

1888: Regierungsantritt von Kaiser Wilhelm II.

1890: Bismarck tritt als Reichskanzler zurück.

1904: Die Aufstände der Nama und Herero in Südwestafrika werden blutig niedergeschlagen.

1914: Ermordung des österreichischen Thronfolgers in Sarajevo (28.06.) – Ausbruch des Ersten Weltkriegs

1918: Waffenstillstand (11.11.), Niederlage des Deutschen Reiches und Österreich-Ungarns – Abdankung des deutschen Kaisers Wilhelm II.
Im Ersten Weltkrieg starben mehr als neun Millionen Menschen.

1919: Wahlen zur Nationalversammlung (19.01.), die in Weimar eine neue Verfassung ausarbeitet. Mit der Weimarer Republik entsteht die erste parlamentarische Demokratie in Deutschland.
Friedensvertrag von Versailles. Deutschland wird die alleinige Kriegsschuld gegeben und muss hohe Reparationen zahlen. Ein Siebtel des Staatgebietes und die Kolonien gehen verloren. Der Friedensvertrag wurde in Deutschland überwiegend abgelehnt.

1923: Inflation in Deutschland. Viele Menschen werden arbeitslos und verarmen.
Am 9. November scheitert ein Putschversuch Hitlers in München.

1925: Tod des sozialdemokratischen ersten Reichspräsidenten Friedrich Ebert. Nachfolger wird Paul von Hindenburg. Mit ihm, dem obersten deutschen Kriegsherrn im Ersten Weltkrieg, wurde ein Vertreter des alten Kaiserreichs als Staatsoberhaupt gewählt.

1926: Aufnahme Deutschlands in den Völkerbund (08.09.).

1929: Der Börsenkrach in New York (25.10.) stürzt auch Deutschland in die Wirtschaftskrise. Wieder werden Millionen Menschen arbeitslos.

1930: Bei den Reichstagswahlen im September wuchs die NSDAP von 12 auf 107 Sitze.

1932: Hindenburg wird wieder zum Reichkanzler gewählt. Anders als 1925 unterstützten ihn dieses Mal auch die demokratischen Parteien, die hofften, dass er den weiteren Aufstieg der NSDAP verhindern könnte.

1933: Hitler wird Reichskanzler (30.01.).

Zeitstrahl-Vorlage

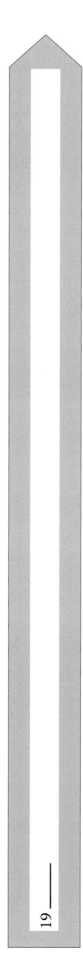

Gesellschaft:

19 _____

ich:

meine Familie :

Zeitzeugen berichten I

Die Hamburger Lehrerin Luise Solmitz, die mit einem jüdischen Offizier verheiratet war, schrieb am 30. Januar 1933 in ihr Tagebuch:

„Hitler ist Reichskanzler! Und was für ein Kabinett!!! Wie wir es im Juli nicht zu erträumen wagten. Hitler, Hugenberg, Seldte*, Papen!!!
An jedem hängt ein großes Stück meiner deutschen Hoffnung. Nationalsozialistischer Schwung, deutschnationale Vernunft, der unpolitische Stahlhelm* und der von uns unvergessene Papen. Es ist so unausdenkbar schön … Was Hindenburg da geleistet hat!"

Franz Seldte war der Führer der paramilitärischen Organisation Stahlhelm für ehemalige Frontsoldaten des Ersten Weltkriegs. 1933 wurde Seldte im Kabinett Hitlers Arbeitsminister.

Interview mit einer 1933 in Deutschland lebenden österreichischen Architektin:

Frage: Wo waren Sie am 30. Januar 1933? In Berlin?

Antwort: Da war ich auf dem Lande und erlebte alles nur im Radio und in der Kleinstadtzeitung. Der Einzige, der jubelte, war unser Administrator. Na ja, den empfand ich als ein bisschen primitiv. Ein guter Landwirt, aber sonst … Dann war da ein Arbeiter, der entpuppte sich als SA-Mann. Das war eigentlich ein armer Kerl. Der hätte genauso gut bei den Kommunisten landen können. Das war so ein Typ. […] Mein Mann nahm die Ereignisse zuerst mal positiv auf, weil seine Leute sozusagen politisch mit drin waren. Aber sehr bald, spätestens am 1. Mai, kam bei ihm schon die Ernüchterung. […]
Und dann kam bei manchen die große Ernüchterung. Viele sagten: Das ist ja gefährlich, was sich da tut.

Aus dem letzten Flugblatt der Weißen Rose vom Februar 1943

Kommilitonen! Kommilitoninnen!
Erschüttert steht unser Volk vor dem Untergang der Männer von Stalingrad. Dreihundertdreißigtausend deutsche Männer hat die geniale Strategie des Weltkriegsgefreiten sinn- und verantwortungslos in Tod und Verderben gehetzt. Führer, wir danken dir!

Es gärt im deutschen Volk: Wollen wir weiter einem Dilettanten das Schicksal unserer Armeen anvertrauen? Wollen wir den niederen Machtinstinkten einer Parteiclique den Rest unserer deutschen Jugend opfern? Nimmermehr! Der Tag der Abrechnung ist gekommen, der Abrechnung der deutschen Jugend mit der verabscheuungswürdigsten Tyrannis, die unser Volk je erduldet hat. Im Namen des ganzen deutschen Volkes fordern wir vom Staat Adolf Hitlers die persönliche Freiheit, das kostbarste Gut der Deutschen zurück, um das er uns in der erbärmlichsten Weise betrogen.

Die Bundeskanzler

Die Bundeskanzler der Bundesrepublik Deutschland

Konrad Adenauer (CDU)   1949–1963

Ludwig Erhard (CDU)   1963–1966

Kurt-Georg Kiesinger (CDU)   1966–1969

Willy Brandt (SPD)   1969–1974

Helmut Schmidt (SPD)   1974–1982

Helmut Kohl (CDU)   1982–1998

Gerhard Schröder (SPD)   1998–2005

Angela Merkel (CDU)   seit 2005

Dieser Eintrag stammt von Heinz Schulz (*1932)
Duisburg, Februar 2007.

Weihnachten 1946

Heiligabend 1946 gingen wir, um Heizmaterial zu sparen, früh schlafen. Wir, das waren meine Mutter, mein 16jähriger Bruder und ich, 14 Jahre alt. Unser Vater, der schwerkriegsbeschädigt war, hatte seinen Nachtdienst als Wächter bei einem Fremdunternehmer auf einer Schachtanlage in Walsum angetreten.

Gegen Mitternacht wurden wir aus dem Bett geholt. Vater ist mit einem Glas Senf, einem Liter Senf, erschienen. Den Senf hat er von einer ehemaligen Schulkollegin, die in der Betriebsküche beschäftigt war, bekommen.

Nun saßen wir um den Tisch und aßen trockenes Brot mit dick Senf darauf. Es war ein Festessen.

Der in Ost-Berlin lebende Dichter Bertolt Brecht über den Aufstand in der DDR
am 17. Juni 1953

Die Lösung

Nach dem Aufstand des 17. Juni
Ließ der Sekretär des Schriftstellerverbands
In der Stalinallee Flugblätter verteilen
Auf denen zu lesen war, dass das Volk
Das Vertrauen der Regierung verscherzt habe
Und es nur durch verdoppelte Arbeit
zurückerobern könne. Wäre es da
Nicht noch einfacher, die Regierung
Löste das Volk auf und
Wählte ein anderes?

Erklärung des Regierenden Bürgermeisters von Berlin, Willy Brandt, auf einer Sondersitzung des Abgeordnetenhauses am 13. August 1961 (Auszug)

Die vom Ulbricht-Regime auf Anforderung der Warschauer-Paktstaaten verfügten und eingeleiteten Maßnahmen zur Abriegelung der Sowjetzone und des Sowjetsektors von Westberlin sind ein empörendes Unrecht. Sie bedeuten, dass mitten durch Berlin nicht nur eine Art Staatsgrenze, sondern die Sperrwand eines Konzentrationslagers gezogen wird. Mit Billigung der Ostblockstaaten verschärft das Ulbricht-Regime die Lage um Berlin und setzt sich erneut über rechtliche Bindungen und Gebote der Menschlichkeit hinweg. Der Senat von Berlin erhebt vor aller Welt Anklage gegen die widerrechtlichen und unmenschlichen Maßnahmen der Spalter Deutschlands, der Bedrücker Ost-Berlins und der Bedroher West-Berlins.

Zeitzeugen berichten II

Bericht eines Journalisten von den Ereignissen in der Nacht des 9. November 1989 am Berliner Grenzübergang Checkpoint Charlie und am Brandenburger Tor

Knapp 5000 mögen es sein, die jetzt am Checkpoint versammelt sind. Sektkorken knallen. Bald heißt es, wird die Grenze geöffnet. Das passiert (hier) kurz nach Mitternacht. Die ersten DDRler kommen zu Fuß, viele sind verwirrt, sagen: „Hoffentlich kann ich auch wieder zurück."

Die große Metalltür ist immer noch zu … Rechts neben dem großen Tor befindet sich ein Gatter … Hier hindurch drängen sie in den Westen, bejubelt von der wartenden Menge. Sie werden umarmt und mit Sekt übergossen …

Wir versuchen zum Brandenburger Tor zu kommen … Es ist etwa drei Uhr. Das Brandenburger Tor ist grell erleuchtet – von den Scheinwerfern der TV-Teams … Auf der Mauerbrüstung stehen die Leute bereits dicht an dicht …

Die Europäische Union

Wann war das? Ordnen Sie zu.

1. Zehn neue Mitglieder: Estland, Lettland, Litauen, Malta, Polen, Slowakei, Slowenien, Tschechien, Ungarn und Zypern.

2. Binnenmarkt. Freier Personenverkehr, keine Grenzen mehr für Menschen, Waren, Dienstleistungen und Kapital in der EU.

3. Bulgarien und Rumänien werden Mitglied.

4. Dänemark, Großbritannien und Irland treten bei.

5. Der Vertrag von Lissabon tritt in Kraft. Er soll u. a. die Entscheidungsprozesse in der EU verändern und dem Europäischen Parlament mehr Rechte geben.

6. Erste Direktwahl des Europäischen Parlaments.

7. Finnland, Österreich und Schweden treten bei.

8. Griechenland tritt bei.

9. Römische Verträge. Europäische Wirtschaftsgemeinschaft: Belgien, die Bundesrepublik, Deutschland, Frankreich, Italien, Luxemburg, Niederlande.

10. Schengen-Abkommen. Abschaffung gegenseitiger Grenz- und Passkontrollen.

11. Spanien und Portugal treten bei.

12. Vertrag von Maastricht. Beschlüsse über gemeinsame Währungs-, Außen- und Sicherheitspolitik.

13. Zollunion. Gemeinsame Außenzölle.

14. Zwölf EU-Staaten führen den Euro ein. Bis 2009 gehören zur Eurozone 16 Staaten.

☐ 1957	☐ 1968	☐ 1973	☐ 1981	☐ 1991	☐ 2002
		☐ 1979	☐ 1986	☐ 1993	☐ 2004
				☐ 1995	☐ 2007
					☐ 2009
fünfziger Jahre	**sechziger Jahre**	**siebziger Jahre**	**achtziger Jahre**	**neunziger Jahre**	**neues Jahrtausend**

Wortschatzübung zu Modul 2

1 Die Zeit des Nationalsozialismus. Ergänzen Sie die Wörter im Kasten.

> Konzentrationslagern – Widerstand – Antisemitismus – Nürnberger Rassegesetze –
> Stolpersteine

1. _____ erinnern in vielen Städten an Häuser oder Orte, wo Juden gelebt haben, die von den Nationalsozialisten ermordet wurden.

2. Ein wichtiger Teil der nationalsozialistischen Ideologie war

   der _____.

3. Die _____ von 1935 regelten genau, wer im Deutschen Reich als Jude galt und somit keine politischen Rechte mehr hatte.

4. Personen oder Gruppen, die in Deutschland gegen die Nationalsozialisten kämpften,

   bezeichnet man als _____.

5. Während des Krieges wurden viele Juden und andere Opfer des staatlichen Rassismus

   in _____ wie z. B. Auschwitz vernichtet.

2 Die Jahre 1945–1949. Ergänzen Sie die Wörter im Kasten.

> Besatzungszonen – Trümmerfrauen – Nürnberger Prozesse – Luftbrücke

1. Die _____ gegen die überlebenden Führer der NS-Zeit fanden von 1945 bis 1946 statt.

2. Nach dem Ende des Zweiten Weltkriegs wurde Deutschland

   in vier _____ geteilt.

3. Als die Sowjetunion alle Zufahrtswege nach West-Berlin blockierte, wurde die Teilstadt

   1948/49 über eine _____ versorgt.

4. _____ nennt man die Frauen, die nach dem Zweiten Weltkrieg die zerstörten deutschen Städte aufgeräumt haben.

Wortschatzübung zu Modul 2

3 Die Jahre der Teilung: 1949–1989. Ergänzen Sie die Wörter im Kasten.

> Wirtschaftswunder – Studentenbewegung – Ostpolitik – Umweltbewegung

1. In den fünfziger und sechziger Jahren wuchs die Wirtschaft in der Bundesrepublik

   sehr schnell. Deshalb spricht man auch vom _____.

2. Durch die _____ von Willy Brandt wurden die Kontakte
   zwischen der Bundesrepublik Deutschland und der DDR enger.

3. In den sechziger Jahren des 20. Jahrhunderts forderte die _____
   gesellschaftliche Reformen.

4. Die _____ entstand auch aus dem Protest gegen Atomkraftwerke.

4 Deutschland seit 1989. Ergänzen Sie die Wörter im Kasten.

> Währungsunion – Wiedervereinigung – Montagsdemonstrationen – Koalitionsregierung

1. Durch die _____ wurde in der DDR Mitte 1990
   die D-Mark eingeführt.

2. Die _____ gegen die DDR-Regierung fanden 1989
   in Leipzig statt.

3. Von 1998 bis 2005 regierte in Deutschland eine _____
   aus SPD und Grünen.

4. Die _____ war am 3. Oktober 1990.

Die Werte der Deutschen

So wichtig sind 24 ausgesuchte Werte

Bei dieser Umfrage wurden 1002 Personen ab 14 Jahren gebeten, 24 ausgesuchte Werte auf einer Skala 1 (sehr unwichtig) bis 10 (sehr wichtig) einzuordnen. Das Ergebnis:

Ehrlichkeit	74 %
Familie	68 %
Gerechtigkeit	64 %
Respekt vor anderen	61 %
Freiheit	60 %
Hilfsbereitschaft	54 %
Verantwortungsgefühl	53 %
Höflichkeit	51 %
Bildung	51 %
Sicherheit	50 %
Unabhängigkeit	43 %
Friedfertigkeit	41 %
Toleranz	41 %
Fleiß	37 %
Vertrauen in andere	35 %
Leistungsbereitschaft	33 %
Lebensgenuss	26 %
Mut	21 %
Sparsamkeit	19 %
Respekt vor Autorität	18 %
Tradition	15 %
religiöser Glaube	14 %
Patriotismus	8 %
Einfluss auf andere	4 %

Quelle: www.rd-presse.de

Das deutsche Schulsystem

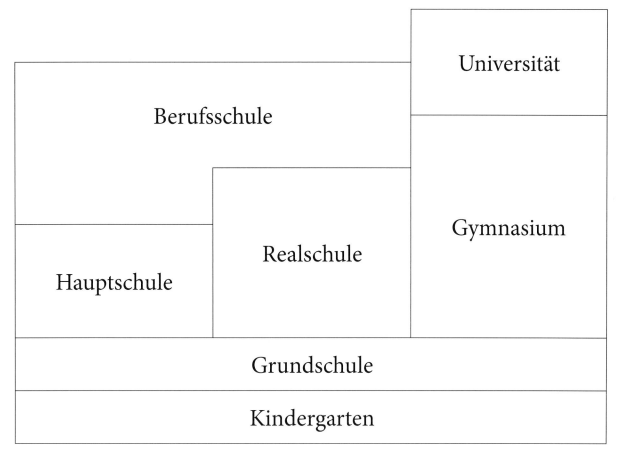

- Kinder zwischen drei und sechs Jahren können den Kindergarten besuchen, der aber nicht Pflicht ist.

- Mit sechs Jahren kommen sie in die Grundschule, die in den meisten Bundesländern vier Jahre dauert (in Berlin und Brandenburg sind es sechs Jahre).

- Danach empfehlen die Lehrer aufgrund der Noten, in welche weiterführende Schule die Schüler gehen: Hauptschule, Realschule oder Gymnasium. Je nach Bundesland haben die Eltern unterschiedliches Mitspracherecht.

- Die Schullaufbahn ist damit aber nicht endgültig festgelegt. Gute Schüler können von der Realschule auf das Gymnasium wechseln oder von der Hauptschule auf die Realschule, manchmal auch von der Hauptschule auf das Gymnasium. Oder schwächere Gymnasiasten wechseln auf eine Realschule.

- Nach einem Haupt- oder einem Realschulabschluss gibt es viele Möglichkeiten, weiter auf die Schule zu gehen und das Abitur zu machen. Diese Möglichkeiten variieren von Bundesland zu Bundesland.

- Außerdem gibt es Gesamtschulen. Hier trennt das System die Schüler nach der 4. Klasse nicht in drei verschiedene Schultypen, sondern alle Schüler besuchen dieselbe Schule.

- Die Hauptschule ist in den letzten Jahren immer stärker unter Druck geraten. In einigen Bundesländern, z. B. den neuen Bundesländern gibt es sie nicht als eigenständige Schulform.

Nachbarschaft

Situation 1:

A. Sie sind unzufrieden, weil der Nachbar, der in der Wohnung über Ihnen wohnt, in den letzen vier Tagen auch abends nach 22 Uhr sehr laut Musik hört.
Sie müssen morgens immer um sechs Uhr aufstehen, damit Sie pünktlich zur Arbeit kommen. Erklären Sie Ihrem Nachbarn die Situation.

B. Sie haben seit einigen Tagen Urlaub. Deshalb sind sie später ins Bett gegangen und haben abends noch Musik gehört. Dabei haben Sie nicht auf die Uhr geschaut.
Erklären Sie ihrem Nachbarn diese Situation und sagen Sie Ihm, was Sie in Zukunft anders machen werden.

Situation 2:

A. Sie wollen für drei Wochen verreisen. Sie bitten Ihren Nachbarn / Ihre Nachbarin, dass er/sie den Briefkasten leert und die Blumen in Ihrer Wohnung gießt.

B. Ihr Nachbar / Ihre Nachbarin will für drei Wochen verreisen und bittet Sie, in dieser Zeit die Blumen zu gießen und den Briefkasten zu leeren. Sie sind bereit, Ihrem Nachbarn / Ihrer Nachbarin zu helfen.

Situation 3:

Sie planen mit einem Nachbarn / einer Nachbarin ein Nachbarschaftsfest im Innenhof Ihres Wohnhauses. Schreiben Sie gemeinsam einen Brief an alle Hausbewohner:

– Terminvorschlag
– Wer hilft bei den Vorbereitungen?

Situation 4:

In Ihrem Wohnhaus ist der Aufzug schon seit einer Woche kaputt. Schreiben Sie mit einem Nachbarn / einer Nachbarin einen Brief an die Hausverwaltung, damit der Aufzug repariert wird.

Religiöse Feiertage

Ordnen Sie zu.

A Purimfest (jüdisch)   B Ramadan (islamisch)   C Bonfest (buddhistisch)

D Holifest (hinduistisch)   E Pfingsten (christlich)

1 ☐ Fastenmonat. Wenn es morgens hell ist, dürfen die Gläubigen nichts mehr essen und trinken. Erst wenn es dunkel wird, isst und trinkt man wieder. Meist lädt man Freunde und Verwandte, aber auch Arme ein.

2 ☐ Frühlingsfest. Die Menschen tanzen um ein großes Feuer, in dem man Getreide und verschiedene Früchte verbrennt. Zum Schluss gießt man Milch in das Feuer. Diese Rituale symbolisieren Fruchtbarkeit und Vergänglichkeit und schützen vor Unheil.

3 ☐ Fest der Toten. Die Erinnerung an die Toten ist in Japan sehr wichtig. Die Geister der Toten werden eingeladen, an die Orte ihres irdischen Lebens zurückzukehren. Die Verwandten bereiten sich durch Fasten und rituelle Tänze vor und zünden Lichter an, um den Geistern den Weg zu zeigen.

4 ☐ Mit diesem Fest feiert man die Rettung der Juden im Perserreich (Buch Ester). An diesem Tag denkt man voll Dankbarkeit an das Weiterbestehen des Volkes Israel trotz zahlreicher Verfolgungen im Laufe der Geschichte.

5 ☐ Dieser Tag ist der Abschluss der Osterzeit, an dem man das Kommen des Heiligen Geistes feiert. Die Jünger konnten durch den Heiligen Geist in allen Sprachen sprechen und alle Sprachen verstehen. Das Fest ist auch das Geburtstagsfest der Kirche.

Sie sind bei Ihrem Chef um 19:00 Uhr zum Essen eingeladen. Wann kommen Sie spätestens an?

Sie sind um 15:00 Uhr zu einem Bewerbungsgespräch eingeladen. Wann kommen Sie spätestens an?

Sie sind zu einer Party bei einem Kollegen eingeladen. Was bringen Sie als Gastgeschenk mit?

Sie sind in einer fremden Stadt und fragen eine unbekannte Person nach dem Weg zum Bahnhof. Wie sprechen Sie die Person an – mit Du oder Sie?

Der Klassenlehrer hat Ihrer Tochter einen Brief mitgegeben, in dem er um ein Gespräch mit Ihnen bittet. Was machen Sie?

Sie wollen sich zur Prüfung Zertifikat Deutsch anmelden, aber im Büro der Volkshochschule erfahren Sie, dass gestern der letzte Anmeldetag war. Wie reagieren Sie?

Sie haben morgen einen Termin bei der Bundesagentur für Arbeit, aber sie können nicht kommen, weil sie krank sind. Was machen Sie?

Sie wohnen in einem Mehrfamilienhaus. Es stört Sie, dass einer Ihrer Nachbarn die Musik abends immer sehr laut stellt. Was machen Sie?

Wortschatzübung zu Modul 3

1 Ordnen Sie zu.

> uneheliche – staatliche Gemeinschaft – Erziehungsberechtigte –
> leibliche und seelische Entwicklung – eheliche

1. Die Personen, die das Recht haben, ein Kind zu erziehen, nennt man

   _____. Meistens sind es die Eltern, aber es können

   auch andere Personen sein, zum Beispiel, wenn die Eltern eines Kindes gestorben sind.

2. Die _____ bezeichnet den Staat und die Gesellschaft

   in einem Land.

3. Für _____ kann man auch psychische

   und körperliche Entwicklung sagen.

4. Kinder von verheirateten Paaren nennt man _____ Kinder und

   von Paaren, die nicht verheiratet _____ Kinder.

2 Ergänzen Sie die Wörter im Kasten.

> Gleichbehandlung – Konfessionen – Toleranz – interkulturelle Kompetenz –
> Weiterbildung – Hausordnungen – Steuerbescheid – Familiengericht – Kirchensteuer –
> Altersrente – Migranten – Vertrauenslehrer

1. Gegen einen falschen _____ vom Finanzamt kann
   man Einspruch einlegen.

2. _____ ist wichtig, damit man in einer
   anderen Kultur erfolgreich handeln kann.

3. In fast allen Mehrfamilienhäusern gibt es _____,
   die das Zusammenleben der Bewohner regeln.

4. Eine Ehe muss von einem _____ geschieden werden.

5. _____ bedeutet, dass es keine Vorteile oder Nachteile
   für eine bestimmte Gruppe in der Gesellschaft geben darf.

6. _____ ist neben Verantwortung ein wichtiges
   Erziehungsziel in Deutschland.

7. Wenn man Arbeit hat und Mitglied der katholischen oder evangelischen Kirche ist,

   muss man ————————————————— bezahlen.

8. Da die Menschen in Deutschland immer älter werden, wird die

   ————————————————— vermutlich sinken.

9. Wenn man von ————————————————— spricht, meint man
   die Religionszugehörigkeit eines Menschen.

10. Da sich im Berufsleben viel ändern kann, ist —————————————————
    in den letzten Jahren immer wichtiger geworden.

11. Unter ————————————————— versteht man Menschen,
    die nach Deutschland zugewandert sind.

12. Wenn ein Kind Schulprobleme hat, sollte es ein Gespräch zwischen dem Kind,

    den Eltern und dem ————————————————— geben.